乡 音 传 承

乡音传承：
传统文化保护理念融入池州方言可视化设计研究

李 慧◎著

河北科学技术出版社
·石家庄·

图书在版编目（CIP）数据

乡音传承：传统文化保护理念融入池州方言可视化设计研究/李慧著.--石家庄：河北科学技术出版社，2024.3

ISBN 978-7-5717-1959-3

Ⅰ.①乡… Ⅱ.①李… Ⅲ.①江淮方言–方言研究–池州 Ⅳ.① H172.4

中国国家版本馆 CIP 数据核字 (2024) 第 054686 号

乡音传承：传统文化保护理念融入池州方言可视化设计研究
XIANGYIN CHUANCHENG：CHUANTONG WENHUA BAOHU LINIAN RONGRU CHIZHOU FANGYAN KESHIHUA SHEJI YANJIU

李　慧　著

责任编辑	胡占杰
责任校对	张　健
美术编辑	张　帆
封面设计	优盛文化
出版发行	河北科学技术出版社
地　　址	石家庄市友谊北大街330号（邮编：050061）
印　　刷	河北万卷印刷有限公司
开　　本	710mm×1000mm　1/16
印　　张	12.25
字　　数	200千字
版　　次	2024年3月第1版
印　　次	2024年3月第1次印刷
书　　号	ISBN 978-7-5717-1959-3
定　　价	78.00元

目　录

第一章　绪论 / 001

　　第一节　语言和中国传统文化的关系 / 004
　　第二节　方言和语言的关系 / 014
　　第三节　汉语方言研究史概述 / 015

第二章　池州地域历史与人文环境 / 023

　　第一节　池州的历史沿革 / 025
　　第二节　池州的社会发展 / 027
　　第三节　池州的人文环境 / 040

第三章　池州方言保护基本概况 / 051

　　第一节　池州方言保护历程 / 055
　　第二节　池州方言保护的政策及举措 / 060
　　第三节　池州方言保护的发展 / 062

第四章　池州方言可视化设计理论 / 065

　　第一节　可视化设计基本概述 / 067
　　第二节　可视化设计的应用领域 / 075
　　第三节　可视化设计的展望 / 090

第五章　池州方言可视化设计方案研究　/　093

　　第一节　池州方言可视化设计理念　/　095

　　第二节　池州方言可视化设计目标　/　116

　　第三节　传统文化保护下的池州方言可视化设计的侧重点　/　118

　　第四节　传统文化保护下的池州方言可视化设计方案制定　/　123

第六章　传统文化保护下的池州方言可视化设计实践　/　129

　　第一节　确立池州方言信息可视化实践流程　/　131

　　第二节　实现池州方言字词信息可视化　/　141

　　第三节　池州方言可视化设计效果呈现　/　143

　　第四节　打造池州方言信息可视化的文旅衍生品　/　147

参考文献　/　185

第一章　绪论

第一章 绪论

中国悠久灿烂的文化以文字的方式被记录了下来,后人才得以清晰地了解。传承千年的地域方言是历史以及独具魅力的地域文化的载体。就现在来看,我国地域方言的保护有着极其重要的现实价值,其可以赋予中华传统文化新的时代内涵,可以最大限度保护中华文化的多样性,同时也可以更好地保护和传承中华优秀传统文化。我国正在大力推动与实施文化保护工作,文化保护工作具有重要的战略意义与价值。而近些年,我国对于方言的保护工作也愈加重视,并采取了一系列措施。

《国家中长期语言文字事业改革和发展规划纲要(2012—2020年)》明确了保护方言的紧迫性和必要性,提出了科学保存各民族语言实态的要求。讯飞输入法以此为依据,提出了方言保护计划,招聘了会说地方方言的人士,通过录制语音等方式逐步完善方言资源库,使方言记录不只停留在纸上,使人们更能感受到其发音的独特性。

处于大数据时代,我们可以在诸多领域看到大数据的身影,如传媒、商业等领域。它们的共同之处在于,信息通过可视化的形式得到展现,信息自身的可视化效率得到了提升,这也大大提高了大众对于信息的理解效率。方言的可视化将原本难以阅读与认知的方言信息转化成为有趣而生动的图形信息,使受众群体更容易理解与接纳,也使池州方言得到更好的传承与保护。与其他地域的方言一样,池州方言反映着当地人们自古以来的生活习惯以及社会风俗,是当地百姓现实生活的生动写照,可以体现出当地人的生活理念与社会认同的价值观。因此,通过可视化的方式,将难以被更多人接触与理解的池州方言转化为具有池州地方特色以及地域文化特色的图形信息,让大众更加深入地认识和理解池州文化,了解池州的历史发展情况,进一步地激发大众学习和使用池州方言的热情,池州方言也会借此得以传承和发展。

第一节　语言和中国传统文化的关系

语言与中国传统文化具有相辅相成的关系，语言是中国传统文化的一部分，中国传统文化也依赖语言来进行传播。中国传统文化包括语言，语言是一种较为特殊的文化现象，是人们意识形态的集中体现，语言是随着文化的产生而形成的一种精神文化。

一、语言是一种特殊的文化现象

语言是人类产生后随着文化产生而形成的一种精神文化，它是文化的一部分，但又表现出与文化不同的特殊性，其特殊性表现在三个方面：

一是语言是史前时期的产物，是人类无意识的创造，不完全等同于文化的创造性。语言是人类出于沟通以及生存的需要，自然而然形成的一种工具性的产物。动物之间进行交流会发出各种音调的吼叫或是声音，而对于人类来说，这种用于沟通的声音，我们称之为语言。这种语言可以转换为文字，书写记录下来，进行传播。

二是语言既不属于主观世界，也不完全属于客观世界，兼具二者的性质。语言的形成并不完全由人类的主观意识控制，它是时代发展与人类社会演进的产物，是人类生存所必需的工具，人类主观上需要这样一件工具，有意识地让其为己所用，但其又受到客观世界诸多因素的影响。社会不断向前发展，周围环境也在持续发生着变化，语言只有不断更新和发展，才能适应这种变化。因此，虽然语言受客观世界因素的影响，但又不完全受其左右，徘徊于主观世界与客观世界之间。

三是语言是文化的载体，又是文化的反映，具有超时代、超政治、超观念的特性。语言是信息的一种表现形式，它可以承载大量的信息，用于记录事件、表达情绪、沟通事项等。人类不同时期的文化形式均不尽相同，相应地，语言也会呈现出不同的内容和形式，因此可以说语言可以反映当时人类的文化现象。语言自产生以来，几乎包含所有人类文明的信息，它随着人类社会的发展而不断发展与演变。因此，可以说语言具有超越时代、超越政治、超越观念的特性。

二、语言是中国传统文化的最重要载体

语言属于文化的一部分，它是一种文化的载体，同时也是一种文化现象。语言是人类自行创造的符号体系，可以承载文化的内涵，传递文化信息。语言如同容器一般，装载着文化的大部分信息。

因文化的差异，各个民族存在着各自不同的语言体系，如同国人说中文，美国人、英国人、澳大利亚人说英语，俄罗斯人说俄语，一个民族自身所特有的传统文化、社会观念、价值取向、思维方式等都可以在一个民族的语言之中得到体现。

相对于文化的其他载体来说，语言是文化最为重要的载体。文化的其他载体只是侧重于呈现文化的某一个方面，或者是文化的某一个角度，而语言可以储存和传播文化的整体信息。语言想要突破时间和空间的制约，就要借助文字的力量。从表面上来看，文字是文化的载体，但从语言学这一方面进行思考，文字实质上就是记录语言的符号而已，用来承载语言信息，文字是在语言的基础上产生的。

作为文化载体的语言与文字，所发挥的作用有所不同。语言侧重于口耳相传，偏向于生活的实用性；而文字侧重于字面上的表达，偏向于信息记载的规范性、专业性与全面性。

词汇、语音、语法这三个要素组成了语言。词汇，特别是实词词汇，承担着承载文化的主要任务，而语音和语法则是超时代的。

但无论实际情况如何，构成语言的各种要素都或多或少地发挥着承载文化的功能。就汉语来说，语音在漫长的历史发展中，发生了重大变化。唐代官话与现代汉语作比较，唐代官话的发音类似于如今的粤语发音。这一点可以从唐诗的韵律中发现端倪，若用普通话朗诵唐诗，有些韵律无法诵出，而粤语可以准确地将唐诗的韵律表现出来。

词汇最能反映社会生活的方方面面，也最能反映社会的变化，词汇之中包含诸多的文化信息。

从单个汉字来说，每一个字都有一个明确的含义，尤其是汉字发展到现代，其穿越时间与空间，经过了数千年的演变，其中包含了所有的演变过程与经历。文字从最早的象形文字开始，到表现具体事物的实词，到后来发展出无对应实物的虚词。可以说每一个字，其背后都有其悠久而丰富的故事。一个字可以等同于一句话，一个字可以表现丰富的含义与概念，这些概念是

随着人类社会的发展，被人们不断赋予新的意义所形成的。一个字凝结了越来越多的文化意识。

随着社会发展不断加快，新生的词汇和新生的语言不断涌现。当然这种语言对文化的影响只是一个方面，大量的新词的出现只是短时间的，其对文化的影响也只是一时的，不会产生长远的影响，不能对整体的文化造成质的影响，同时也不会影响人的观念。新的词汇或新的语言想要成为文化的一部分，需要时间的检验，同时也需要历史的筛选。而语言只有深入一个民族生活的最底层，经过历史的检验，真正进入一个民族的基本词汇体系，才可以说语言对文化产生了深刻的影响。历史上我们可以看到很多这一现象的例证，功课、观照、有缘、印证、自在、投机、见地等日常用词，最早来自佛教，而不可思议、随机应变、当头棒喝等成语最早也源自佛教。这些词语经过提炼、转译和影响，已经成为汉语的组成部分。

社会不断发展，人们的生活方式也紧跟着开始发生变化，人们说话的习惯也在悄然发生着不同程度的变化，人们对于词语的需求也在不同程度发生着改变。多数昙花一现的词语，只是在当时一段时间内广泛被使用，产生一定的影响，但随着时代的变化，又会淹没在时代的洪流中。这也体现了语言是在主观世界与客观世界中往复游离的特性，语言受制于二者，但又不单纯由两者中的某一方决定。

人们总是倾向于创造新奇事物，人也总是充满创新与创造的冲动，不喜欢一味地因循守旧。人们不断地创造新的语言词汇，以满足自身的需要，并且乐此不疲，不断重复做着这样的事。这其中也体现了人类文明的发展规律，只有不断地创新与实践，才能真正知道哪些事物经得起时间的考验，哪些事物只能仓促露一面就彻底消失。

方言作为承载传统文化的一种语言，需要不断创新，才能继续前进。在创新的路上，进行可视化保护是其中一条有益的尝试。

三、语言对文化的反作用

语言在进行传播的过程中，人们很容易将语言与它所指代的事物或内容混淆起来，于是经常性区分不清语言及其所指代的思想或内容。因此，也就出现了语言对文化的反作用现象。一个较为典型的例子是语言崇拜或者称之为文字崇拜，如双音节词汇对对称美的影响，同时推动了对称美的观念的形成和发展。

语言是文化的组成部分，也是文化的一种传播工具，同时还是文化现象的一种反映，因此可以说语言是文化中一个很重要的组成部分，语言属于文化范畴。语言具有自身的独特性，语言与文化的关系如同一家人，它们在一起共同生活，共享着相同的环境，受着同样的影响，共同向前发展，彼此之间相互影响，而又相互依赖，我们很难将这两者分开，同时也不可能将这两者分开。

四、语言理解与文化理解的关系

语言是文化的重要载体，也是文化的一种特殊形式，因此人们想要理解语言，就需要理解文化，要想理解语言的深刻内涵，就要对文化进行详细的理解；所以，对于语言理解的层次越高，对于文化的理解层次也就会越高。从另一个角度来看，对于不具备汉语学习背景的初学者来说，对于文化进行深层次而全面的理解是十分必要的。近些年，汉语教学界十分重视语言与文化之间的关系。学界做了很多这方面的研究与探讨，虽然观点迥然，但有一点达成了共识，就是上文所提到的语言与文化之间的关系这一问题。

五、语言是文化的传播方式

人类的思维方式及文化交流的一种最主要的方式就是语言，人类思维方式和文化交流实际上也是文化形成和传播的表现，人类通过思考在大量社会实践的过程中逐渐形成文化，各个民族所形成的文化在不断进行的语言交流中得到广泛传播。

六、语言与文化各自的特点

（一）语言的特点

1. 指向性

语言具有一定的指向性，其可以使语言所表达的内容指向特定的事物或对象。例如：花、草、木、人、鸟、兽等。语言的指向性由人来定义，跟随人的意志而转移。也就是说语言作为社会的产物，是经过人认可的一种沟通工具。

2.描述性

语言的描述性是语言含义的体现，语言之所以能够交流，是因为语言具备描述性。语言的描述性受语言的指向性影响而变化。语言作为沟通的工具，需要将所沟通的事物具体而真实地表达出来。

3.逻辑性

语言是一种有结构、有规则的指令系统。语言的逻辑受语言的指向描述而变化。由于语言并不是只有一个字组成的，而是由多个字或词组成的，需要一定的结构对其进行规范，才可以最大限度提高沟通效率，避免产生歧义。

4.交际性

物质之间通过一定的联系来进行交流与互通，不论两种或多种物质之间是否具有相关性。两个非相关的物质之间想要建立联系，就需要通过一定的方式来实现。

这种联系就需要共通的语言规则来实现，双方需要通过一些方式来找到"共同语言"。

5.传播性

人们进行沟通需要语言，需要采用一套具有统一编码解码标准的声音（图像）指令实现。生物天生并不具有这种指令，因此人类只有通过后天的学习来习得，而人类在学习语言的过程中，就无形之中进行了语言的传播。并且语言只有通过传播才具有了自身的价值。

6.民族性

人类所进化出来的特殊交流行为属于人类所独有的，而且根据国家和地区的不同，人与人之间沟通交流的行为也都不尽相同。全世界有多种多样的语言，而每个国家的语言都各不相同。即使就同一个国家来说，不同地域的语言也都存在着差异。即使就同一种语言来说，在不同地区也存在着不同的方言形式，彼此之间也有着不同程度的差异。

因为地域的限制形成的各具地域特色的语言，也包含一定的地域文化特征。

（二）文化的特点

1. 超生理性和超个人性

文化的超生理性指的是任何文化都是人们在后天习得，或是经过再创造而产生的，不可能通过遗传而获得，它均由人通过学习来理解与掌握。文化虽然是无形的，但文化在无形之中影响着人们的生活与工作的方方面面，如同人离不开水一般，人同样也离不开文化的影响与滋养。文化超越生理存在，却好似融入每一个人的血液与基因之中，人们的一言一行、一举一动，无不透露着文化的气息。人类学会某种语言是文化传递的结果，与人类的生物遗传没有任何关系，可以说这是人类与生俱来的能力，但语言与文化一样，都需要人们经过后天的模仿、学习、理解与实践，来充分习得。

文化的超个人性意为单独的个人虽然经由自身能力掌握了文化本质与内涵，甚至创造了新的文化，但并不等于说人有左右文化形成的能力，文化可以影响个人的行为举止，而单纯个人只可依附于文化来行事与活动。文化的作用在于人与人之间的互动交流，人们在使用、分享与沟通中，才可说影响文化的发展。

2. 复合性

每一种文化的形成与发展都不是孤立存在的，每一种文化都不只由一种因素构成，而是由多种文化汇集于一体，进行有机的融合，最后形成具有某一个地域特征的文化形式。

从文化所依附的土地与人民来看，土地的广袤狭小与否，都不可能真正限制文化的交流与融通。在地理地貌上不可能阻碍文化的进一步发展与演变。而这一片土地上生活的人民，都会由于各种贸易、政治、生存，抑或是其他方面的原因而与外界产生各种联系，而在这样的联系中，不同文化之间便会影响，文化之间也会相互融通，最终形成多元且丰富的内涵与形式。复合性可以说是每一种文化都具有的一种特征，并且文化在不断地交流与融合中，会产生新的形式以及更为丰富的内涵。文化的传承与延续通过多元化的融合，以与时俱进的方式，会保证其自身有机地融入人类社会的发展与进步。人们也总会赋予文化新的内涵与意义，也不断会有新的价值会呈现在文化之中，文化犹如人体内的细胞一般，在不断地更新迭代中，才可保持自身的先进性。

3. 象征性

文化的象征性可以理解为，文化的实质并非其表面上所表现的形式，更多的是其背后的内涵与意义。文化并不以其形式化的内容而存在，而更多的是其所象征的价值。文化所代表的内容可以理解为更为广阔的范畴，通常其不会指代具体一个个体或是某个事物，每个人对于文化可以有多个角度的理解与认知，通常这些理解也没有绝对的对与错之分。正如一个球体，我们可以认为它是一个地球仪，也可以认为它是一个足球、一个乒乓球，抑或是一个地球，但不管如何对其进行理解，都不影响它是一个球体的事实。

4. 传递性

文化一旦产生出来，就会被人使用，人们会学习它，理解与认知它，有意或无意地在生活或工作中对其进行应用。文化如同一件消费品，它存在着，就是要被使用、被消费，但反过来说，不管人们是否使用它，文化都会存在，并不会消失。文化的传递性包括纵向与横向两种方式，其中纵向传递也就是人类代际间的传递，人们通过教育，通过潜移默化的影响，通过个人感知等形式，完成了文化从这一代人到下一代人的传递。而横向传递指在同一个时代，不同地域或不同民族之间文化的交流与沟通。人们出于贸易、交流、生存等方面的原因，形成大范围或小范围的人群流动，或个体，或集体，从一个地区到另一个地区，从一个民族到另一个民族，其中自然避免不了文化上的交流与沟通。文化也会在这种传递中，不断进行自我更新，或是融入更多元的其他文化元素。

文化之间需要各种形式的碰撞，而在传递与交流中才可能创造新的内容，才可以丰富和完善自身。如今社会发展的节奏越来越快，只有不断适应新趋势，才有可能紧跟时代的潮流。虽然经历的时间越长久，文化所葆有的生命力也会越强大，但文化也并非无坚不摧，文化如果被时代所抛弃，包括文字、语言、媒介等文化的载体也不存在之时，文化也很可能就此消失。文化的传递需要借助这些载体，而通过什么样的形式传播，每个时代都会有不同的载体。

5. 变迁性

变迁性意为文化并不像死水一样静止不动，而是一直处于不断变化之中的。文化在传承与发展的过程中，会受到诸多因素的影响，如科技、自然环境、地理地貌、人口数量、气候条件、经济实力等。

引发大规模的文化变迁的因素通常有三种：

（1）自然条件的变化，如地震、台风、火山爆发、海啸、山火、干旱、洪水、高温等。生存环境或生存条件发生变化会直接影响着人们的生活方式，人们可能因此而举家搬迁。生存环境和自然条件发生变化，直接影响到文化的存续，不同的文化可能进行融合，也可能在竞争中消亡。

（2）文化之间的相互接触，不同国家、不同民族之间进行的文化交流活动，这其中也包括价值观、生活方式、风俗习惯等。不同文化之间的碰撞，有时会发生得很激烈，有时也会通过隐蔽的方式来进行，可能会产生一种文化对另一种文化进行兼并，两种文化最终融合为一种新的文化的情况。两种文化在相互碰撞中可能会进行融合，整合为一个复合型的文化样态，新的文化样态与先前的两种文化既存在着关联性，同时也存在着诸多不同之处，这是文化之间发生碰撞的结果。

通常来说，国家间或是民族间的文化交流活动不会引起大的文化变迁，各个文化也不会因此而受到很大程度的影响。但在国家与国家之间的交流中，文化底蕴深厚的国家可能会对其他国家产生较大的影响。例如，日本奈良县（古时称平城京）在建都之时，受当时中国唐代长安和洛阳都城设计的影响，并结合自己的实际情况建立都城。从中可以看出在进行文化交流时，文化所产生的影响力以及其中的变迁。

（3）新的发明与创造导致文化的巨大变迁。人们刚开始进入电脑时代时，人们通过电脑与外界的联系更加紧密，人们了解世界的方式发生了改变，过去人们只能通过报纸、书籍、书信等方式来获取信息，电脑的普及使人们可以通过更为快捷的方式来获取信息，人与人之间的沟通交流的方式也发生了变化。随着移动互联网时代的到来，人们之间的沟通更为便利，通过一部手机就可以获取全球的新闻资讯，人们可以随时随地地进行沟通和交流。以往在没有电脑和手机的时代，人们的沟通与交流大多通过电话、书信、电报，有的甚至需要面对面进行交流，沟通效率都很低，但人与人之间的情感却没有因此而受到影响。但到了互联网甚至是移动互联网时代，人们不需要通过见面或是通过漫长的书信或电报来进行沟通，通过视频通话就可以进行有效的沟通。虽然在网络上也可以实现"面对面"的沟通，但相比于真实场景的会面，在感受上还是存在着较大的不同。沟通方式发生了变化，人们投入的感情也有着明显的差异，通过网络空间来实现的交流终究不能代替真实场景的交流。

另一方面，移动互联网时代中，文化的传播和分享的方式也更加多元化，过去人们通过传统媒体来了解文化动向与资讯，如今通过电脑或手机等媒介就可以很方便地获取更多的信息。新媒体和新技术的应用，改变了人们的沟通交流的方式，进而改变了人们的生活方式，同时也很大程度上改变了人们的出行方式以及生活和工作的方方面面。人们更乐于沉浸网络世界，而容易忽视现实世界，人们的情感表达、知识的获取方式也在不同程度上发生着变化。

6. 滞后性

文化的滞后性指的是文化中的各个部分在经历大的变迁时或是在变迁之后，发展或传播的速度不尽相同，各个部分之间会形成相应的错位和不均衡的现象，导致在文化内部存在不同程度的差距。文化对于环境的感知能力并不像人体的神经组织，当然这也与文化的属性有关，不同文化之间应对环境变化的能力不尽相同。更具包容性的文化相比较而言，会有更强的反应与自我更新调节的能力；而偏保守的文化，在应对环境的变化或是经历大的变迁时，其应变和自身的调节能力相对来说更弱，因此此类文化也会表现出更加明显的滞后性。

马林诺夫斯基说过："语言是文化整体中的一部分，但是它并不是一个工具的体系。"[①] 语言确实是人类用来交流的一种工具系统，包括文字符号系统和语音符号系统。语言又是人类特有的一种文化，是文化的组成部分，可以说语言和语言文字的出现标志着人类进入文明阶段。因此，语言与文化是密不可分的。

在我国，文化最早见于《易经》："观乎天文，以察时变。观乎人文，以化天下。"这句话所说的就是文化的体察世界和教化人类的作用。

1871年英国人类学家Edward Tylor在《原始文化》一书中提出，文化是"一个复杂的整体，其中包括知识、信仰、艺术、法律、道德、风俗以及作为社会成员而获得的任何其他的能力和习惯"。这是迄今为止人们公认的对文化最经典的定义。《英国新百科全书》中对文化的定义是，文化是"人

---

① 马林诺夫斯基. 文化论[M] 费孝通, 译. 北京: 中国民间文艺出版社, 1987: 7.

类知识、信仰和行为的相互关联的模式，每个人类社会的文化都有其自身的特点，同时又与其他社会文化系统有交叉之处"。

对文化的定义比较全面且详细的是 1982 年 Bullock A 和 Styllybrass O 在他们所编的词典 The Fontana Dictionary of Mordern Thought London Fontana 中对文化下的定义："文化是指对一个社群的'社会继承'，包括整个物质的人工制品（工具、武器、房屋、工作、仪式，政府办公以及再生产的场所、艺术品等），也包括各种精神产品（符号、思想、信仰、审美知觉、价值等各种系统），还包括一个民族在特定生活条件下以及代代相传的不断发展的各种活动中所创造的特殊行为方式（制度、集团仪式和社会组织方式等）。"

综合以上对于文化的定义，我们可以知道语言是一种知识，体察万物；语言是一种艺术，创造艺术；语言是一种"法律"，人人约定俗成的"法律"；语言是一种道德，"良言一句三冬暖，恶语伤人六月寒"；语言是一种风俗，每个地方，每一民族都有自己的语言，且有自己独有的特色；语言是一种能力，说话是人类的本能，但掌握一种语言却是一种能力；语言是一种习惯，语言是在反复练习之后，化习惯为语言能力的；语言是一种"社会继承"，语言是由先辈的创造和积累而传授给下一代的，具有"社会继承"性；语言是一种行为，说话与表达；语言是一种符号，文字；语言是一种思想，思维模式和心理的反映；语言是一种审美知觉，对客观事物与主观感受的反映；语言是一种价值，思想价值。总而言之，语言就是一种文化，是文化的重要组成部分，而且是"文化中重要而独特的组成部分"[①]。

语言与文化的相互依存、相互影响的关系表现为语言是文化的载体，是文化得以传承的重要工具，有的学者注意到，人类的大多数文化遗产都是通过语言文字而被保存下来的；语言反映和影响文化，反过来文化对语言也有影响和制约作用。文化有雅俗之分，反映在语言上也使语言在发展的过程中产生了雅俗之分，这是语言对人们的审美意识的反映，也是对文化的反映，这也说明了文化对语言的影响。

语言本就是向前发展的，不是固定僵化和永恒不变的，随着社会的进步，语言自身也随着时代的发展进行自我筛选和淘汰。

[①] 况新华，曾剑平. 语言与文化的关系述要 [J]. 南昌航空工业学院学报（哲学社会科学版），1999（1）：65-68，34.

语言可以说是一个神圣而又充满底蕴的存在，语言应当成为传播正能量，传播中华优秀传统文化的有力的工具，我们日常生活和工作中无时无刻不在使用它，连说梦话也不例外。语言被如此广泛地使用着，如果运用不当，则会造成极大的影响，加之当今信息化发展如此迅速，语言的不当使用，很可能会造成不可挽回的负面影响。

因此，"取其精华，去其糟粕"是很有必要的，让语言随着时间的流逝而沉淀、进化、发展，这样人类的文化才能不断发展，人类的文明也才能更上一层楼。

第二节　方言和语言的关系

方言是相对于语言来说的，方言与语言是特殊与一般的关系。语言属于一般范畴，方言属于特殊范畴。方言是语言的一种存在形式，人们在日常生活中使用最多的是方言，而一般的语言则在陌生人之间或是较为公开的场合应用最为频繁。例如，安徽池州人说当地的池州话，北京人说北京方言，山西人说晋方言等。方言通常只有口语形式，在书面上体现得较少，人们在日常生活中面对面交流时多用口语，而用书面语时，体现不出方言的特点以及本身的地域风格。对方言的研究实质上是对语言进行研究。每一种方言，不管其使用人数多少，所具有的各种语言元素都是完整的。

相对于方言来说，语言所涉及的内容更为丰富，范围也更为广泛，而如果从方言入手进行语言研究，则可以让研究更加贴近实际，研究基础更加扎实，也会有更深入的体会。

民族共同语虽是以一种方言为基础，但并不排斥其他方言成分的融入，普通话中就吸收了最为多元的方言元素。例如，普通话中的"输掉了"，其语言结构和成分就是借鉴了吴语，其中提炼出的短语结构为"动词+掉+了"，利用这一结构，还可以说"辞掉了""吃掉了"等。用吴语苏州话说"输掉了"为"输脱哉"。吴语中所说的"脱"为补语成分，有两种用法，一种表示结果，如"输脱哉"，另外一种表示动作的简单完成，如"死脱哉"。北方方言中的"掉"本来只有结果补语这一种用法，但却因为受到了吴语中相应的同形结构的影响而有了完成简单动作的用法。

方言与民族共同语言之间有着密切的关系，民族共同语言是一个民族确定某一种方言为基础，以这一地区语音为标准音。民族共同语言再经过规范和加工，成为"文学语言"或是"标准语"。例如，普通话是我国的民族共同语，北方方言是其基础方言，北京语音是其标准音。在汉语各大方言中，北方方言的分布范围最广，使用人数最多。

北京是元明清几个朝代以来我国的文化、政治、经济中心。汉语的书面语——文学语言，如白话文，以及过去推广过的官话都是以北方方言为基础。

第三节　汉语方言研究史概述

从汉朝杨雄开始算起，汉语方言的研究已经有两千多年的历史。但从20世纪20年代开始，人们多利用现代语言科学的理论方法进行语言的调查与研究。[1]汉语方言研究会在1981年正式建立，1979年，《方言》杂志创刊，这两个标志性的事件预示着汉语研究的工作很快得到了复兴，并且快速得到了发展。[2]此后，语言方面的学者对于现代语言学理论的研究越来越深入，也更加强烈地意识到方言研究的意义和重要性。因此，在20世纪末到21世纪初，汉语方言相关方面的研究逐渐增多，逐渐从局部到整体，由分散到系统，获得了诸多可喜的成果。对不同地区方言的研究，不仅可以更加深入地了解一个地区的民俗或民间文化，同时还有利于在收集一定数量的语言材料的基础上，对语言的整体演变与发展有更加全面的认识。方言是非物质文化范畴内的，对方言进行学习和研究，也是保护与传承当地文化的一种极为有效的方式。

一、汉语方言研究的特点

研究近些年已经发表的诸多论文著作，会发现进入21世纪后方言的研究发展极为迅速，不管是在研究范围，还是在相关研究的文章数量上，相较于20世纪来说，都有了较大的增长。汉语方言学者在方言研究的各个领域都取得了诸多成绩，如方言自身特点、方言词典的编撰、填补方言研究的空

---

[1]　朱蓓蓓.宝应方言词汇研究[D].扬州：扬州大学，2010.
[2]　詹伯慧.《方言》二十年评述[J].方言，1998（3）：10.

缺以及其他方言研究的领域等。与此同时，汉语方言的研究也呈现出新的特点和新的趋势。①

（一）从侧重语音到语音、词汇、语法三者并重

20 世纪，由于瑞典语言学家高本汉对国内学者的影响，我国汉语研究更侧重于传统音韵学方向，但书籍上的汉字通常不标注拼音，因此与汉语语音相关的文字记载十分有限。而方言的研究早先注重语音的研究，但研究还不全面。近些年方言的研究改变了只侧重语音研究的状况，开始将语音、词汇、语法结合起来进行研究，虽然与此相关的研究成果数量有限，但已逐步形成了将三者综合起来进行研究的局面。

有的语言学者将这三者同时进行研究，或是将其中的两者相结合进行研究，如 2010 年欧阳澜的《广西龙胜和平乡优念话语音词汇研究》、2009 年王蓉的《沅江市草尾镇方言语音与词汇研究》、2005 年汪平的《汉语方言语音调查研究与字本位》等，这些形成了方言研究的全新局面。

（二）由一般的记录描写转向深入探讨，逐渐关注方言横向与纵向的对比

由于音位学和语法学的不断发展，方言的研究水准也进一步提高了。方言语音的研究不再只局限于对语音表面化的简单介绍，同时还对各种方言现象进行深入探讨和研究，对语音发展过程中的变化以及声调的变化进行了较为详细的描述，对这一现象产生的原因作出了补充。② 比如，2020 年张永哲《陕西千阳方言语音的特点和演变》、2018 年赵廷舒的《丹东市区方言双字调变调的实验研究》、2007 年王珊的《济宁方言连读变调的优选论研究》等。词汇和语法的研究也转向方言中特殊的语序类型和构词方法，如 2011 年鲍敦鹏的《安徽芜湖方言词汇特点刍议》、2016 年陈鹏飞的《豫北晋语的异源复合构词现象》、2020 年夏莉萍和景高娃的《汉语方言去除义标记的多功能性研究》等。

不但要对方言进行单一研究，还需要进行方言之间的对比研究，从纵向和横向对方言进行比较研究是这一时期的主要特点。这其中包括方言语

---

① 岳春娴.《现代汉语词典》（第 5 版）中的方言词研究[D].成都：四川师范大学，2009.

② 何耿镛.汉语方言研究小史[M].太原：山西教育出版社，1984：45.

法之间的对比，如 2007 年邵敬敏、周娟的《汉语方言正反问的类型学比较》和 2006 年林素娥的《湘语和吴语语序类型比较研究》；此外，还包括词汇与语音之间的差异对比，如 2005 年周赛红的《湘方言音韵比较研究》和 2007 年吴伟琴的《北海粤方言词汇比较研究》。由于方言研究和普通话的推广工作大致处于同一时间段，方言比较也包括和普通话进行对比，如 2003 年龙安隆的《现代汉语和永新方言"得"字的比较》等。方言比较研究还包含方言竞争力优势的比较研究，如 2007 年游汝杰的《汉语方言竞争力比较》等。

（三）语保工程的开展

2008 年 10 月 11 日，中国语言资源有声数据库建设试点启动仪式在江苏苏州举行，这场由国家语委主持的仪式标志着中国最大的语言调查与保护工程开始实施，语言研究开启了一个新的时代。语保工程共设一千多个汉语方言调查点，其中包含濒危方言。此外，还包括四百多个少数民族语言调查点，包含濒危语言。与此同时，还有一百个语言文化调查点。语保工程的一个成果是曹志耘先生主编的《中国语言文化典藏》一书，内容涵盖官话、徽语、粤语、晋语等方言以及广东怀集标话等少数民族语言，兼有普及性与学术性。

（四）学科交叉的汉语方言研究

近些年，越来越多的学者开始借助各种语言学理论来研究汉语方言，汉语方言的研究也更多地呈现出与其他学科交叉研究的新格局。例如，刘丹青利用语言类型学理论和方法来研究汉语方言，获得突出的研究成果，其于 2003 年所著的《语序类型学与介词理论》对国际语言学界有关语言类型学的最新理论和研究成果做了介绍，并运用这些成果和理论对吴语和汉语进行了大量的对比分析研究。他在 2012 年发表的《汉语的若干显赫范畴：语言库藏类型学视角》一文，阐述了语言库藏类型学的基本概念，指出了显赫范畴的定义及若干特点，为方言研究提供了一个新的理论。[1] 又如 2003 年吴福祥的《南方方言能性述补结构 "V 得/不 C" 带宾语的语序类型》等。

---

[1] 杨胤. 显赫范畴量词"个"及对外汉语教学研究[D]. 上海：上海师范大学，2018.

语言方言的研究可以借助实验语音学与语义地图进行研究。近些年，汉语方言语音的研究广泛应用了实验语音学的方法，并且这一方法也在不断发展。例如，2018年胡方的《汉语方言的实验语音学研究旨趣》中指出，实验语音学作为语言学研究的一个相对独立的分支学科，通过测量得到的语音数据资料为研究语音现象提供了新的方向和方法；2005年朱晓农的《实验语音学和汉语语音研究》中，从整体上介绍了实验语音学发展的情况，并认为实验语音学对汉语的语音研究有着极其重要的意义[1]，这其中包括历史音韵学、方言相关研究、语音学等研究领域。

语义地图作为语言类型学研究的一个描述工具，是用来解决跨语言比较中语法意义与语法形式不统一的问题，这一工具建立在跨语言比较坚实的理论基础上，研究语言中多功能形式之间的关联性。例如，最先运用语义地图理论取得的研究成果是2011年张敏的《语义地图模型：原理、操作及在汉语多功能语法形式研究中的运用》，其研究了汉语方言中的多功能语法标记的问题。更加系统地体现了这一研究成果的是2015年李小凡等人的《汉语多功能语法形式的语义地图研究》。

（五）学术会议、机构和汉语方言教材为方言研究提供新动力

近些年方言研究发展迅速，有关方言的学术会议在这期间频频举行[2]，与会的方言学者有了更大的研究积极性。例如，在21世纪初，澳门理工学院主办了一次专题研讨会，针对方言与语言的关系进行相关方向的研究；2001年4月，举行了汉语方言与民族语言动词体貌问题的学术研讨会；2002年举行了首届赣方言研讨会；2006年举行了首届湘语国际研讨会；2006年，第九届双语双方言国际研讨会在深圳举办；2006年11月，在深圳大学举办了首届国际上海方言学术研讨会；在2002年到2008年期间，总共举办了四次国际汉语方言语法学术研讨会；2008年9月，《方言》杂志创刊三十周年庆典暨国际学术研讨会在兰州举行；此外，在2010年举办了第四届西北方言与民俗国际学术研讨会，以及汉语方言国际学术研讨会暨全国汉语方言学会第十五届学术年会等。[3]

在方言研究工作不断深入进行的同时，相关的方言研究学术机构也纷纷

---

[1] 白静茹. 汉语方言语音研究方法述评[J]. 语文研究，2009（4）：40-47，53.
[2] 詹伯慧. 近20年汉语方言学学术活动述评[J]. 学术研究，1999（2）.
[3] 许宝华，汤珍珠. 略说汉语方言研究的历史发展[J]. 语文研究，1982（2）.

建立，一些地方高校也纷纷建立起研究本地区方言的研究机构。在这方面，广东省的方言研究表现较为突出，在人文科学研究中成果斐然，全国第一个省级汉语方言研究基地——暨南大学·广东汉语方言研究基地的成立，不但对广东方言的研究，甚至对全国方言学科的构建都起到了积极的促进作用。① 国内各地纷纷创办各地区的方言刊物，推动了方言研究工作的发展，其中的典型代表就是 2007 年由国内外粤语研究学者共同组建的编委会以及澳门粤语方言学会主办的《粤语研究》，这一刊物的创办受到国内外粤语研究者以及使用者的广泛欢迎。随着汉语方言研究的不断尝试与发展，一批汉语方言通论性的教材与著作相继出版。其中最有代表性的有 2001 年李如龙写的《汉语方言学》、2001 年袁家骅等编撰的《汉语方言概要》的第二版、2004 年游汝杰所著的《汉语方言学教程》、2009 年李小凡和项梦冰合著的《汉语方言学基础教程》等。

（六）对方言研究的理论方法、方言的分区等从接受到反思

理论可以指导实践，为实践提供依据与方法。方言的研究不管在单点记录上，还是在集中整理上，都明显不足，这一阶段的方言研究工作存在着很多有待加强之处，而在一些基础理论或方言分区等方面的研究，没有投入更多的精力。近些年，汉语方言研究的漏洞不断被填补，国内方言研究学者可以进行更大范围以及更具体的研究与实践，同时，对现有的研究成果也需要进一步的分析与思考。例如，2004 年刘瑞明的《〈汉语方言大词典〉五评》、2005 年晁瑞的《〈汉语方言大词典〉瑕疵例说》等。深刻思考现有的研究成果，不仅可以为近年的方言研究提供更深层面的思考途径，也可以给后来的方言研究提供更准确的理论支撑。

二、汉语方言研究未来的发展方向

近些年，虽然方言的相关研究取得了一些新的成果，填补了方言研究诸多方面的空白，建立了各个局部知识之间的相互联系，解决了一些方言研究问题。但与此同时，方言研究在发展过程中仍旧存在一些有待改善之处。

---

① 詹伯慧. 汉语方言研究 30 年 [J]. 云南师范大学学报（哲学社会科学版），2009（2）：38-45.

（一）汉语方言学理论有待补充和完善

方言学研究是构建在现代语言学的基础上的，其研究方法借鉴了现代语言学理论的方法，这一点也成为汉语方言学者之间的一个共识。[①] 对现今的方言研究大致归纳一下，可以发现有以下不完善之处：第一没有从方言事实出发，第二没有充分利用丰富且多样的方言资料发掘其自身所蕴含的特点，第三没有形成具有自身特色的或具有代表性的汉语方言学理论体系。因此，研究汉语方言的学者和专家们应当从方言使用的实际出发，不断探索方言具体的语言使用环境和方言自身所具有的地域特色，与此同时，还要建立起自身独具特色的汉语方言学的理论体系，真正从理论与实际两个方面来进行方言的研究工作。

（二）方言应用问题研究有待加强

方言是一种文化载体，方言本身也是一种非物质文化遗产，如同文化不可能消失一样，方言同样也不可能消失，而如何平衡方言与普通话之间的关系，是一个很现实的问题。因此，方言研究应当结合社会语言学以及应用语言学的相关理论和方法，提高对方言的使用问题的关注度。

（三）方言横向研究力度有待提升

方言的研究工作者对方言研究的侧重点通常在方言自身演变过程以及其具有的特点上，纵向研究得到了充分的发展。而进行方言横向或是纵向的比较研究等是方言研究的重要内容。汉语方言研究要想不断向前发展，需要汉语方言学与语言学及其相关学科进行结合，打开思路，进一步拓宽其研究的深度与广度，这样汉语方言的研究工作才能不断向前发展，取得丰硕的成果。

近些年，关于方言研究的专著及论述逐渐增多，所涵盖的内容也较为广泛，研究的方式多种多样。在这一阶段，方言的相关研究得到空前发展。总而言之，方言未来将向着更深层次、更广阔的范围以及更加多元化的方向继续发展。[②] 传统语言学的研究学者仍然会选择汉语与方言相结合的研究方向，

---

① 郭骏.二十世纪以来的南京方言研究[J].南京晓庄学院学报，2013（5）：8.
② 詹伯慧.汉语方言研究的回顾和前瞻[J].学术研究，1992（1）：109-114.

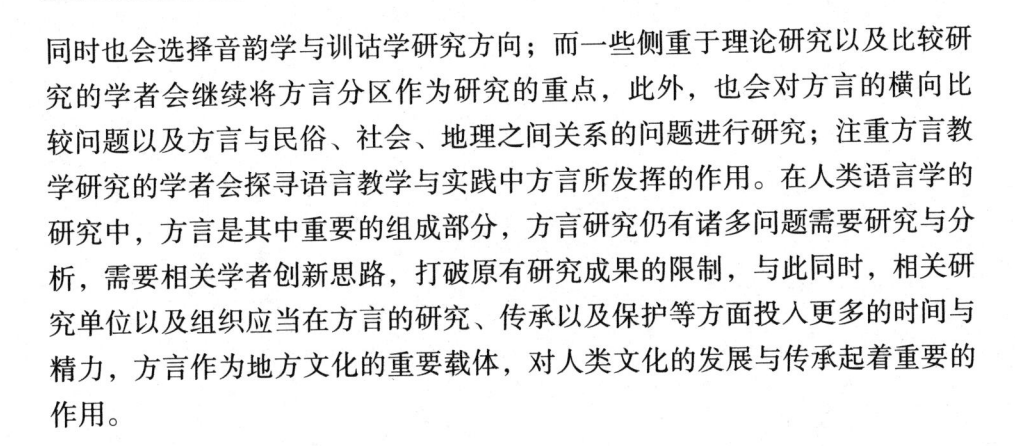

同时也会选择音韵学与训诂学研究方向；而一些侧重于理论研究以及比较研究的学者会继续将方言分区作为研究的重点，此外，也会对方言的横向比较问题以及方言与民俗、社会、地理之间关系的问题进行研究；注重方言教学研究的学者会探寻语言教学与实践中方言所发挥的作用。在人类语言学的研究中，方言是其中重要的组成部分，方言研究仍有诸多问题需要研究与分析，需要相关学者创新思路，打破原有研究成果的限制，与此同时，相关研究单位以及组织应当在方言的研究、传承以及保护等方面投入更多的时间与精力，方言作为地方文化的重要载体，对人类文化的发展与传承起着重要的作用。

第二章　池州地域历史与人文环境

池州市辖贵池区、石台县、青阳县、东至县，是安徽省16个省辖市之一。贵池区是池州市的政治、经济和文化中心。池州具有悠久的历史以及深厚的文化底蕴，它曾被命名为石城、秋浦、池阳。诗仙李白曾在池州留下了脍炙人口的五言组诗《秋浦歌十七首》。曾任池州刺史的杜牧写下了千古绝唱《清明诗》："借问酒家何处有，牧童遥指杏花村。"抗金将领岳飞在齐山翠微亭留下了"经年尘土满征衣，特特寻芳上翠微"的诗句。

古代的池州是江南经济比较发达的城镇之一。早在三千年前，这片土地上的先民就在这一地区繁衍生息，创造了早期的人类文明。1975年，在东至县尧渡河出土了一件西周早期的青铜罍，这件罍的耳上有牛首，是周朝初期最为盛行的纹饰。1979年，在青阳县出土了两件龙耳尊以及一件牺尊，为春秋时期的青铜器。这些精美别致、工艺独特、具有鲜明地方特色的青铜器，是池州铜矿采冶业和手工铸造业往日辉煌的见证。经济的繁荣为文化的发展奠定了良好的物质基础。

池州的地域历史与人文环境需要从池州的历史沿革、社会发展以及人文环境三个方面着手来详细阐述。

第一节　池州的历史沿革

池州在夏商朝代之时，市内的行政区划因没有相关历史资料，而无法考证。周朝统治时期，按当时的山川地理以及各地的特产，将周朝所统治区域划分为九个州，池州属于扬州。在秦国统一全国之后，实行了郡县两级的政区制度，池州市区的大部分属于扬州鄣郡，西南境属九江郡的鄱阳县。

西汉时期，池州市范围内大部分隶属于鄣郡。公元前109年，鄣郡更名为丹阳郡，今日的石埭县、青阳县、贵池市以及东至县的多数区域都属于丹阳郡。市区西南地区，也就是今日的东至县，隶属于豫章郡鄱阳县。

从东汉时期到三国年间，池州隶属于吴国丹阳郡，丹阳郡隶属于扬州管辖范围。

到了西晋与东晋年间，池州隶属于扬州宣城郡和豫章郡，到了公元291年，豫章郡归江州管辖，池州隶属于江州豫章郡。

在南朝的宋时，池州先归宣城太守管辖，而后又归属于淮南郡与宣城郡。到了齐朝时期，池州隶属于豫州宣城郡。梁朝时期，池州隶属扬州宣城郡。陈朝时期，属于南豫州宣城郡和北江州的管辖范围内。

到了隋朝开皇三年（583年），取消郡一级，州直接管辖县；公元607年，隋炀帝时期，又将州改为郡一级，并恢复郡统管县的管理制度。在整个隋朝，池州前后在宣州与宣城郡的管辖范围内。

唐武德四年（621年）始置池州，州治石城，至贞观元年（627年）撤，领地还隶宣州，池州属宣州之地。唐天宝元年（742年）改州为郡，原池州地称秋浦郡。《通典》"秋浦郡"注："池州分宣州置郡"；清刘世珩《贵池县沿革表》："池州为秋浦郡，实唐天宝年间之称"。唐永泰元年（765年）复立池州，隶属宣州观察使，州治从石城迁至鱼贵口（今池州专署驻地）。唐元和年间（806—820年），改池州为池阳郡。清光绪二十五年（1899年）刘世珩《贵池县沿革表》："池州为池阳郡，宋《舆地广记》《太平寰宇记》皆言因唐之旧，不言始于唐何年"，"池阳郡名，必立于永泰、元和之间也"。

在五代十国时期，池州先后归属于杨吴与南唐。到公元938年，池州改名为康化军。

到了宋朝，设池州为池阳郡。《宋史·地理志》中提到："池州池阳郡，领县六。"公元997年，池州池阳郡隶属于江南东路，绍兴初年池州隶属于江南路。

元朝至元十四年（公元1277年），将池州提升为池州路，其前后归属于江淮行中书省与江浙行中书省。

明朝时期，池州先后为九华府、华阳府、池州府，直隶南京。

到了清代，与明朝制度相同。池州府先后隶属江南布政使司、江南左布政使司、安徽布政使司。

"民国"三年（1914年），池州府被裁撤，原池州府所管辖的各县均划入芜湖道。"民国"十七年（1928年），芜湖道被取消，所辖各县直属安徽省。1932年到1949年，设立安徽省第八行政督察区，专员公署常驻贵池县（今池州市贵池区），池州直接隶属于安徽省。

1949年5月，成立了池州专区，隶属皖南人民行政公署，池州专署常驻贵池县。

1952年2月至1965年5月，撤销池州专区，辖区各县分别划入芜湖专区、徽州专区、安庆专区。

1965年5月至1980年1月，重新设立池州专区，直接隶属于安徽省。

1980年1月至1988年8月，撤销池州专区，辖区各县并入徽州专区、宣城专区、安庆专区。

1988年8月，重新设立池州地区，隶属安徽省。

2000年6月，撤地建市，池州市下辖贵池区、石台县、青阳县、东至县。

第二节 池州的社会发展

根据池州地区生产总值统一核算结果，2021年全年池州市生产总值1 004.2亿元，比上年增长10.2%，如图2-1所示。

2021年年末池州市常住人口133.1万人，比2020年末减少0.9万人。其中城镇常住人口80万人，乡村常住人口53.1万人。池州市常住人口城镇化率达到60.1%，比2020年末提高0.4个百分点。

图2-1 2017—2021年池州市生产总值示意图

（资料来源：池州市统计局数据）

其中，2021年全年第一产业增加值94.2亿元，增长7.6%；第二产业增加值 462.2 亿元，增长 11.1%；第三产业增加值 447.8 亿元，增长 9.9%。从这些数据可以看出，第三产业的增速虽然比第二产业增速要低，但相对于第一产业来说，高出 2.3%，可见其强劲的增长速度。文创产业可以借助第三产业大发展的良好时机，不断增强自身实力，提高产业附加值。

2022 年一季度，池州市实现生产总值 255.9 亿元，同比增长 7.2%。其中，第一产业增加值 10.4 亿元，增长 7.3%；第二产业增加值 126.5 亿元，增长 8.5%；第三产业增加值 119 亿元，增长 6.1%。虽然第三产业服务业生产总值的增长率没有第一和第二产业增长率高，但在环境变动不确定的时期能有 6.1% 的增长，也实属不易，说明包括文创在内的服务业有一定的经济增长基础，未来在经济形势向好的环境下，会有更大的增长潜力。

一、粮食生产喜获丰收，畜牧业生产稳定增长

2021 年全年农林牧渔业总产值 164.7 亿元，比 2020 年增长 9.5%，比安徽省高 0.2 个百分点。粮食播种面积 181.3 万亩，增长 1.9%。2021 年全年生猪出栏 56.1 万头，增长 22.5%；2021 年末生猪存栏 27.8 万头，增长 1.1%，其中能繁殖母猪存栏 2.2 万头，增长 35.9%；肉类总产量 9 万吨，增长 13%。

2021 年全年油料种植面积 31.5 千公顷，增长 14.2%；棉花种植面积 1.3 千公顷，下降 65.2%；蔬菜及食用菌种植面积 10.5 千公顷，增长 3.7%。

2021 年全年粮食产量 65.5 万吨，比 2020 年增长 3.5%；油料产量 7.9 万吨，增长 13.9%；肉类产量 9 万吨，增长 13%；蔬菜及食用菌产量 29.6 万吨，增长 4.4%；茶叶产量 1.3 万吨，增长 5%；禽蛋产量 5.3 万吨，增长 1.4%；水产品产量 14.2 万吨，增长 2.2%，见表 2-1。

表 2-1　2021 年池州市主要农产品产量及增速表

产品名称	绝对数（万吨）	比 2020 年增长（%）
粮食	65.5	3.5
油料	7.9	13.9
蔬菜及食用菌	29.6	4.4
茶叶	1.3	5.0
肉类	9.0	13.0
禽蛋	5.3	1.4
水产品	14.2	2.2

资料来源：池州市统计局数据。

2022年一季度，池州市农林牧渔业总产值19.6亿元，同比增长7.7%。猪牛羊禽肉产量1.9万吨，增长11.6%，其中猪肉、牛肉产量分别增长16.8%、5.6%；禽蛋产量增长15.3%。水产品产量增长2.1%，蔬菜播种面积、产量分别增长1.6%和3.3%。

二、工业和建筑业生产稳步向好，新动能增势强劲

2021年年末池州市规模以上工业企业586户。2021年全年规模以上工业增加值比2020年增长15.7%，比安徽省高6.8个百分点，两年平均增长12%。计算机通信和其他电子设备制造业增长61.3%。

先进制造业快速增长。半导体产业、新材料产业分别增长35.7%、24.2%，分别比规模以上工业增加值增速高20、8.5个百分点。战略性新兴产业产值增长48.2%，高新技术产业增加值增长18.8%。

规模以上工业统计的主要产品产量，见表2-2。

表2-2　2021年池州市规模以上工业企业主要产品产量及增速表

产品名称	单位	绝对数	比2020年增长（%）
石灰石	万吨	2 040	-9.9
服装	万件	400.9	-30.4
精制茶	万吨	1.5	-14.6
硫酸（折纯）	万吨	69.1	2.3
浓硝酸（折纯）	万吨	23.1	2.5
合成氨	万吨	16.4	-8.3
农用化肥（折纯）	万吨	3	-10.2
化学农药（折纯）	万吨	1	-10.5
水泥熟料	万吨	1 188.1	-3.5
水泥	万吨	385.6	12.1
粗钢	万吨	350.2	-0.4
铜材	万吨	1.2	46.3
铜合金	万吨	10.9	-3.5
铅	万吨	6.6	16.3
轴承	万套	82	19.1

资料来源：池州市统计局数据。

2022年一季度，池州市规模以上工业增加值同比增长13.4%。其中，3月份增长16.2%。战略性新兴产业产值增长28.4%，高新技术产业产值增长

29%，半导体产业基地产值增长 62%。1 至 2 月份，池州市规模以上工业企业实现营业收入 192.8 亿元，增长 32.5%；利润总额 11.7 亿元，增长 10%。

三、服务业持续恢复，现代服务业蓬勃发展

2021 年池州全年服务业增加值比 2020 年增长 9.9%，比安徽省高 1.2 个百分点。这说明池州包括文旅以及文创产业在内的服务业在全省范围内有着抢眼的表现，池州依托自身的区位和地域文化优势，在经济增长时期，有较快的增长势头。

2021 年全年批发和零售业增加值 96.9 亿元，比 2020 年增长 17.6%；交通运输、仓储和邮政业增加值 45.6 亿元，增长 6.7%；住宿和餐饮业增加值 23.7 亿元，增长 12.6%；金融业增加值 42.4 亿元，增长 7.1%；房地产业增加值 58.3 亿元，增长 6.2%；其他服务业增加值 176.4 亿元，增长 8.5%。2021 年全年规模以上服务业企业营业收入增长 21.9%，10 个服务业行业门类营业收入有 8 个实现增长，其中以互联网信息技术、商务服务等新兴行业为代表的其他营利性服务业营业收入增长 33.5%。新兴行业发展势头迅猛，增长潜力巨大，互联网信息技术行业的发展可以带动其他相关行业突破瓶颈，获得增长势能。

2021 年全年旅客运输量 585 万人，比 2020 年下降 12.7%；货物运输量 18 670.2 万吨，增长 17.8%。旅客运输周转量（不包括铁路）45748 万人公里，下降 3.3%，见表 2-3。

表 2-3　2021 年池州市各种运输方式旅客运输量及增速表

指　标	单　位	绝对数	比 2020 年增长（%）
铁路	万人	193	10.9
公路	万人	392	-20.9
旅客运输量	万人	585	-12.7
公路	万人公里	45748	-3.3
旅客运输周转量（不包括铁路）	万人公里	45748	-3.3

资料来源：池州市统计局数据。

货物运输周转量（不包括铁路）5 465 846 万吨公里，增长 17.5%。2021 年全年港口货物吞吐量 12 602 万吨，增长 24.3%，其中外贸货物吞吐量 21 万吨，下降 39.3%。港口集装箱吞吐量 12384 标准箱（TEU），下降

27.3%，见表2-4。

表2-4 2021年池州市各种运输方式货物运输量及增速表

指　标	单　位	绝对数	比2020年增长（%）
铁路	万吨	0.2	-98.0
公路	万吨	7 795	9.4
水运	万吨	10 875	24.9
货物运输量	万吨	18 670.2	17.8
公路	万吨公里	447 777	9.3
水运	万吨公里	5 018 069	18.3
货物运输周转量（不包括铁路）	万吨公里	5 465 846	17.5

资料来源：池州市统计局数据。

2021年年末池州市机动车辆拥有量32.5万辆，比2020年下降2.8%，其中汽车21.8万辆，增长7.1%。轿车拥有量12.7万辆，增长6.8%，其中私人轿车12.2万辆，增长7%。到2021年末，池州市高速公路达298公里、一级公路达215公里、铁路营业里程达196.1公里，其中高速铁路营业里程57.1公里。

2021年全年电信业务收入10.3亿元，比2020年增长7.5%；邮政行业业务总量6.2亿元，增长19.9%。快递业务量（出港）2607.6万件，快递业务收入3亿元，比2020年分别增长39.2%和30.5%。2021年年末池州本地移动电话用户149.5万户，其中5G用户36.3万户，固定电话用户14.5万户；基础电信运营企业计算机互联网宽带接入用户60万户，增加6.8万户。

2021年池州全年共接待国内外游客5 852.3万人次，比2020年增长12%，其中入境游客1.4万人次，下降59%。旅游总收入646.8亿元，增长11.7%，其中外汇收入201万美元。游客人数的增长体现出旅游业依然保持着旺盛的增长势头，游客人数的增加直接带动旅游相关产品消费的增长。在入境游客人数严重减少的情况下，旅游总收入依然可以保持增长，说明国内游客人数的大幅度增长，不但填补了国外游客流失造成的空白，同时也保住了增长势头，可以从一个侧面反映国内旅游业的潜力巨大。

2021年年末池州市共有37个A级及以上旅游景点（区），其中包括1个5A景区，17个4A景区，16个3A景区。九华山旅游景区共接待国内外游客823.6万人次，增长4%；旅游总收入103.1亿元，增长3.5%。

2022年一季度，服务业继续恢复。其中，金融业、其他营利性服务业增加值分别增长11%、7.7%。1至2月份，池州市规模以上服务业营业收入增长26.9%。池州市10个服务业行业门类营业收入有7个实现增长，其中信息传输、软件和信息技术服务业增长64.4%，租赁和商务服务业增长35.5%。2022年的开端，服务业就保持了一个强劲的增长趋势，为全年开了一个好头，打下一个坚实的基础。

四、固定资产投资持续增长，民生领域补短板投资力度继续加强

2021年全年固定资产投资（不含农户）比2020年增长16.1%，比安徽省高6.7个百分点，两年平均增长10.7%。分产业看，第一产业投资增长48.2%，第二产业投资增长14.6%，第三产业投资有16.1%的增长。投资是拉动经济增长的"三驾马车"之一，第三产业服务业的投资增长较高，可以有效地带动服务业整体向前发展，文旅产业在服务业中占有一定的比重。在强大的资金支持下，服务业的强劲增长可以助推相关行业实施技术创新，提升产品的技术含量。工业投资增长14.9%，基础设施投资增长8.8%，民间投资增长7.6%。社会领域投资增长110.8%，其中教育投资增长234.4%，卫生和社会工作投资增长22.7%。2021年全年房地产开发投资86.3亿元，比2020年增长6.3%。

2022年一季度，池州市固定资产投资同比增长16.3%。分产业看，第一产业投资增长25.2%，第二产业投资增长27.1%，第三产业投资增长8.8%。分领域看，工业投资增长27.2%，其中制造业投资增长21.1%；民间投资增长11.9%，房地产开发投资增长4.8%。商品房销售面积26.7万平方米，下降37%；商品房销售额18.5亿元，下降39.4%。

五、消费品市场稳定恢复，新兴消费保持活跃

2021年全年社会消费品零售总额477.4亿元，比2020年增长17.5%，比安徽省高0.4个百分点，两年平均增长9.5%，如图2-2所示。

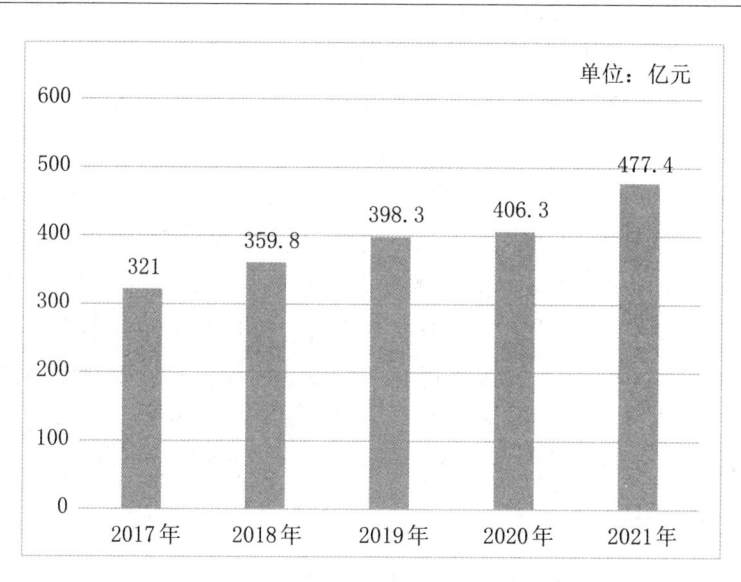

图 2-2 2017—2021 年池州市社会消费品零售总额示意图

（资料来源：池州市统计局数据）

由图 2-2 可以看出，池州 2021 年度全年居民的消费能力持续增强。在全省范围来看，池州居民的消费能力居于前位。居民有足够的消费能力，才可以进一步助推相关行业持续稳定地发展。

按经营地分，城镇消费品零售额 366.2 亿元，增长 17.6%；乡村消费品零售额 111.2 亿元，增长 17.3%。升级类商品消费较快增长。限额以上金银珠宝类、书报杂志类商品零售额分别增长 112.2%、22%。商品零售 413.3 亿元，增长 17.6%；餐饮收入 64.1 亿元，增长 16.8%。

2021 年全年限额以上消费品零售额 123.3 亿元，比 2020 年增长 21.6%。其中，吃、穿、用类商品零售额分别增长 19.9%、26.1%、21.6%，粮油食品类增长 19.7%，肉禽蛋类增长 41.2%，服装、鞋帽、针织纺品类增长 26.1%，日用品类增长 26.6%，中西药品类增长 8.8%，家具类增长 21.4%，石油及制品类增长 21.2%，汽车类增长 33.9%。可以看出，各个消费领域都有较快的增长，大部分都可以保持在二成左右的增长幅度，个别领域会达到四成的增长幅度，居民的消费能力持续保持旺盛。从一个侧面也可以反映出居民的可支配收入情况良好，拥有充足的购买能力。单就文旅企业来讲，只要将更多的精力投入产品研发与市场调研中，满足消费者的需求，同时将池州的地域文化元素有机地融入其中，未来产品在市场上会有良好的表现。

2022 年一季度，池州市社会消费品零售总额 127.3 亿元，同比增长

2.4%。其中，限额以上消费品零售额30.4亿元，增长8.2%。按经营地分，城镇消费品零售额100.7亿元，增长2.4%；乡村消费品零售额26.6亿元，增长2.6%。从消费类型看，商品零售额109.3亿元，增长2.5%；餐饮收入18亿元，增长1.9%。限额以上商贸单位零售额中，金银珠宝类、石油及制品类零售额分别增长48.8%、21.1%。限额以上批发零售企业网上零售额2.1亿元，增长31.6%。2022年第一季度受到诸多因素的影响，虽然各个行业的消费品零售总额都有所上升，但大部分行业增长的比例并不高。与此不同的是，批发零售企业网上的零售额有三成以上的增长，说明居民网购的热情依然高涨。因此，池州相关的文旅企业应当抓住这一时机，大力拓展网络渠道，充分利用"互联网+"的时代大背景，以及良好的政策与市场优势，拓宽产品的销售渠道。

六、对外贸易增势良好，利用外资平稳增长

2021年全年进出口14.3亿美元，比2020年增长33.9%。其中，出口3.4亿美元，增长46.1%；进口10.9亿美元，增长30.4%，如图2-3所示。

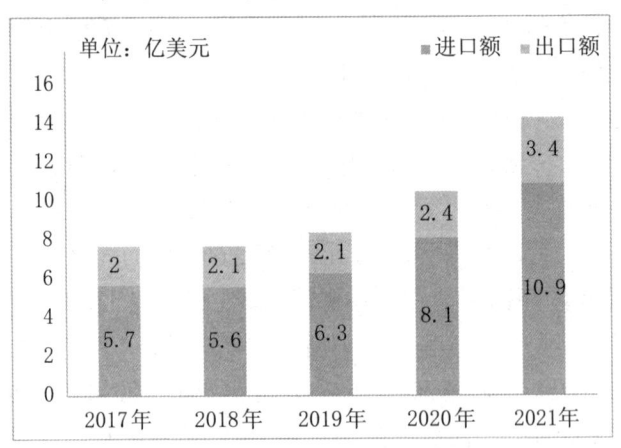

图2-3 2017-2021年池州市进、出口额示意图

（资料来源：池州市统计局数据）

利用外商直接投资4.9亿美元，增长8.3%，比安徽省高2.9个百分点。新设立外商投资企业14家，合同外资0.97亿美元，分别增长40%、57%。池州市机电产品出口1亿美元，增长121.8%；高新技术产品出口0.9亿美元，增长144.3%。

池州市新引进省外亿元以上项目305个，当年实际到位资金715.6亿元，

增长15.3%。2021年全年新批外商直接投资企业14个，利用外商直接投资4.9亿美元，增长8.3%。

2022年一季度，外贸进出口总额4.2亿美元，同比增长9.7%。其中，出口1.1亿美元，增长80.1%；进口3.1亿美元，下降3.4%。利用外商直接投资0.9亿美元，增长5.8%。

七、财政金融稳健运行，贷款余额突破千亿元

2021年池州全年一般公共预算收入74.3亿元，比2020年增长11%，比全省高2.2个百分点。一般公共预算支出173亿元，下降2.7%。2021年全年33项民生工程到位资金42亿元。2021年年末，池州市金融机构人民币存款余额1 352.1亿元，增长10%；贷款余额1 015.5亿元，增长18.6%。

2021年，池州市金融机构人民币各项存款余额1 352.1亿元，比2020年增长10%，比年初增加122.8亿元，见表2-5。

表2-5　2021年年末池州市金融机构人民币各项存贷款余额及增速表

指标	2021年年末数（亿元）	比2020年末增长（%）
住户	966.2	15.3
非金融企业	231.3	0.7
广义政府存款	152.8	-5.0
非银行业金融机构存款	1.6	338.2
各项存款余额	1 352.1	10.0
住户	487.6	12.7
各项贷款余额	1 015.5	18.6

资料来源：池州市统计局数据。

2021年年末池州市金融机构外币存款余额4 249万美元，比2020年下降39.3%，比年初减少2 749万美元；外币贷款余额3 294万美元，比2020年下降53.5%，比年初减少3 786万美元。

2022年一季度，池州市一般公共预算收入25.9亿元，同比增长15.6%。一般公共预算支出50.6亿元，增长23.2%。其中文化体育与传媒、社会保障和就业、住房保障等民生支出分别增长38%、48.8%、88.3%。3月末，池州市金融机构本外币存款余额1 536.5亿元，增长17%；贷款余额1 089.4亿元，增长20.6%。

八、居民消费价格温和上涨，食品价格小幅下降

2021年全年居民消费价格比2020年上涨0.7%，见表2-6。

表2-6　2021年池州市居民消费价格比上年涨跌幅度表

指　标	涨跌幅度（%）
食品烟酒	0.1
衣着	1.8
居住	0.3
生活用品及服务	-0.3
交通和通信	4.6
教育文化和娱乐	0.9
医疗保健	-0.9
其他用品和服务	-3.7
居民消费价格（%）	0.7

资料来源：池州市统计局数据。

从表2-6中可以看出，文创所属的文化消费价格的增长速度要高于食品烟酒消费价格0.8个百分点，同时高于居住消费价格0.6个百分点，从侧面可以推测出教育文化和娱乐相关产业的利润有可能提高，但价格的提高也势必会影响大众的消费选择，不过不管是教育和文化，还是娱乐，都属于人们精神生活最为关注的事项，通常具有较强的黏性，价格的小幅度增长不会影响消费者的购买欲。

2022年一季度，居民消费价格同比上涨0.4%。分类别看，交通和通信、教育文化和娱乐、其他用品和服务等价格分别上涨5%、1.5%、1.3%，食品烟酒、衣着、居住、生活用品及服务等价格分别下降1.2%、0.2%、0.2%、0.4%；医疗保健价格与2021年同期持平。在食品烟酒价格中，粮食价格上涨3.4%，鲜菜价格上涨4.9%，鲜果价格上涨16.6%，猪肉价格下降35%。

九、就业形势稳定向好，居民收入继续增加

2021年全年城镇新增就业人数1.52万人，完成年度目标任务的108.8%。2021年年末城镇登记失业率2.22%。2021年全年城乡居民人均可支配收入28 973元，比2020年增长9.7%，两年平均增长8.1%。其中，城镇居民人均可支配收入38 756元，增长8.7%，两年平均增长7.2%；农村居

民人均可支配收入19 168元，增长10.7%，两年平均增长9.1%。2021年城乡居民可支配收入增长接近10%，居民收入的增加可以有力地激活市场，带动相关消费品企业的发展。在良好机遇面前，企业尤其是文旅以及与文创相关的企业，应当在扎实提高产品质量的基础上，突出地域特色，通过地域文化赋予产品更丰富的文化内涵。

2021年全年池州市常住居民人均可支配收入28 973元，比2020年增长9.7%。城镇居民人均可支配收入38 756元（图2-4），比2020年增长8.7%。城镇居民人均消费支出23 314元，增长14.5%。其中，生活用品及服务支出增长23.6%，交通和通信支出增长8.1%，教育文化和娱乐支出增长21.3%，其他用品及服务支出增长64%，城镇常住居民恩格尔系数为31.3%。2021年池州居民可支配支出的增长速度高于可支配收入的增速，可见居民的消费欲望较为强烈。并且教育、文化、娱乐方面的支出增长超过二成，相较于其他领域的支出增长情况，可以看出人们在教育、文化、娱乐方面的消费需求十分强烈。相关企业可以借助这一有利形势，提供更多种类的产品，以满足不同消费群体的需求。在信息化与数字化的时代背景下，人们获取信息的效率更高，人们也更倾向个性化、异质化的产品，企业应当针对这种情况，调整自己的产品分类与布局，提高自己的产品定位，增加产品的创意属性、文化属性，让产品更趋于多元。

农村居民人均可支配收入19 168元（图2-4），比2020年增长10.7%。人均消费支出14 872元，增长15.5%。其中，教育文化和娱乐支出增长16.9%，医疗保健支出增长25.3%，其他用品和服务支出增长9.6%。农村常住居民恩格尔系数为30.7%，如图2-4所示。

2021年年末，池州市城镇职工基本养老、基本医疗保险参保人数分别为15万人、19.8万人，比2020年增加1.3万人、2.4万人。

2022年一季度，池州市城镇新增就业0.4万人，完成年度目标任务的28.6%。季末城镇登记失业率2.23%。2022年一季度，池州市城乡居民人均可支配收入9 580元，同比名义增长7.9%。按常住地分，城镇居民人均可支配收入12 366元，增长7%；农村居民人均可支配收入6 803元，增长8.5%。城乡居民收入之比由2021年同期的1.84缩小为1.82。

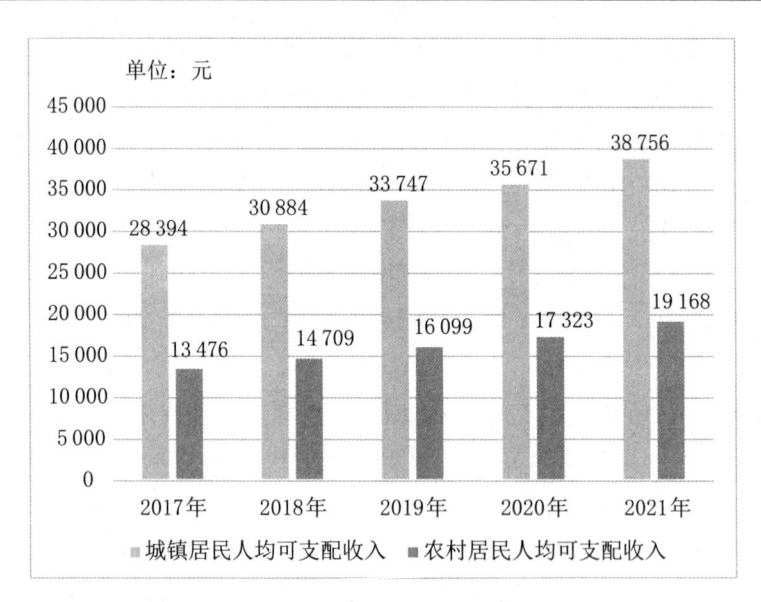

图 2-4　2017—2021 年池州市城、乡居民人均可支配收入示意图

（资料来源：池州市统计局数据）

十、教育、科学技术和文化

池州市共有 3 所普通高等教育学校、6 所中等职业教育学校、98 所普通中学。其中，高中阶段毛入学率 98.77%；初中学龄人口毛入学率 108.99%。小学毛入学率 103.4%，见表 2-7。

表 2-7　2021 年池州市各级各类教育发展情况

指　标	招生数（人）	在校生数（人）	毕业生数（人）
普通本专科	12 180	39 556	8 388
中等职业教育	6 650	13 143	5 025
普通高中	10 463	32 339	10 507
初中阶段	14 240	43 985	15 049
小学	13 310	80 073	13 995
幼儿园	10 661	38 081	13 427

数据来源：池州市统计局数据。

2021 年年末，池州市高新技术企业 201 户。2021 年全年授权专利 2 666 件，其中发明 187 件。2021 年全年吸纳技术合同成交额 35.45 亿元，增长 83.7%；输出技术合同成交额 18.31 亿元，增长 126%。2021 年全年登记科

技成果73项。

至2021年年末，池州市共有4个国有博物馆，5个公共图书馆，6个文化馆，以及56个乡镇街道综合文化站。池州有12处全国重点文物保护单位，59处省级重点文物保护单位。池州拥有4项国家级非物质文化遗产名录，27项省级非物质文化遗产名录。广播综合人口覆盖率99.82%，电视综合人口覆盖率99.83%。

十一、卫生和社会服务

至2021年年末，池州市共有1 080个医疗卫生机构，其中有40个医院、1 017个基层医疗卫生机构、22个专业公共卫生机构和1个其他卫生机构。

至2021年年末，池州市共有各类注册登记的住宿社会服务机构86个，其中养老机构84个，儿童服务机构2个。社会服务床位12 127张，其中养老服务床位12 027张，儿童服务床位100张。至2021年年末，共有社区服务中心1个，社区服务站682个。

十二、资源、环境和应急管理

2021年年末池州市实际拥有7个自然保护区，总面积达72.7千公顷，占国土面积的8.7%，其中国家级自然保护区面积36.7千公顷，占保护区面积的50.5%。当年人工造林面积1.4千公顷，退化林修复面积2千公顷，森林抚育58.9千公顷。活立木蓄积量3 212万立方米，比2020年增加67万立方米；森林覆盖率60.6%，比2020年提高0.2个百分点。2021年全年平均降水量1 583.5毫米，平均气温为17.7 ℃。可以看出池州在环境保护方面做出了突出的成绩，这里风景适宜，森林覆盖率较高，拥有多个自然保护区，优美宜人的环境为旅游资源的开发和利用提供了更加有利的条件，丰富的自然资源可以吸引更多的旅客来此休闲度假。池州降水量充沛，气温也适宜人们进行休闲娱乐活动，得天独厚的条件为池州大力发展旅游产业提供了一个扎实的基础。旅游产业可以说是一个靠天吃饭的产业，但在有优良的自然资源的前提下，产业发展还与后期的人工开发与利用，以及相关服务配套有着密切的联系。

2021年，池州全年能源消费总量602.5万吨标准煤，比2020年增长5.4%。万元GDP能耗下降4.4%。全社会用电量95.1亿千瓦时，增长14.2%，其中工业用电量74.5亿千瓦时，增长15%。

至 2021 年年末，池州市共有环境监测站 4 个。池州市 PM2.5 年均浓度为 31 微克/立方米；空气质量优良天数比例 86.3%。池州市区域昼间环境噪声等效声级平均值为 55.6 分贝，达到三级标准（一般）。长江池州段、秋浦河、陵阳河、龙泉河、九华河、黄湓河、尧渡河、青通河等 8 条河流共计 10 个国考监测断面水质均达到Ⅰ类到Ⅱ类标准，总体水质优良。城市污水处理总量达 3 726.7 万立方米，集中处理率 97.2%，生活垃圾无害化处理率 100%，建成区绿化覆盖率 45.2%。通过以上数据可以感受到池州环境质量的优良程度，本身已拥有丰富自然资源的池州，植被数量逐年增加，大小河流水质保持着较高的标准。各方面环境保护措施的综合数据均展示出池州的自然环境、社会治理环境、人们的生活环境都达到一个较高的标准。

第三节　池州的人文环境

人文环境受一定的社会系统内部以及外部文化因素的影响，这其中的文化变量包括共同体的观念、态度、信仰系统、群体认知的环境。人文环境是社会本体中隐藏的无形环境，它与自然环境相对，彼此间是无形对有形，虚与实的关系。

人文环境的产生和演变是人类社会文明发展的客观需要，也就是指人们周围的社会环境，它在潜移默化中融合了民族的灵魂与精神。人文景观是人文环境中特有的内容，又称作文化景观，它是人们在日常的生活中，为了满足自身物质与精神方面的需求，在原有的自然景观基础上，融入文化元素所形成的景观。人文景观通常包含文物古迹、革命活动地、地区和民族的特殊人文景观。除此之外，还包括现代文化、艺术、经济、科学、技术等活动场所形成的景观。现主要对风景名胜、革命圣地、历史文化进行详细介绍。

一、风景名胜

池州全境的中心为九华山，分布着大大小小三百余个旅游景区，其中有四个国家级旅游景区：九华山，中国四大佛教名山之一，国家 5A 级旅游景区、国家重点风景名胜区、国际性佛教道场；牯牛降，国家级野生动物保护区，被誉为华东"动植物基因库"；升金湖，被誉为"中国鹤湖"，国家级湿地珍禽自然保护区；九子岩，九华山国家森林公园。除此之外，还有首批

四个国家级工农业旅游示范点，同时还有杏花村和平天湖国家级水上运动训练基地等人文景观，适宜人们来此度假休闲。

九华山：九华山是国家 5A 级风景名胜区。九华山上有百余座寺庙，千余僧尼，是著名的国际性佛教道场。九华山古时称作九子山或是陵阳山，因其九座山峰形状酷似莲花而得名九华山。在方圆一百公里的范围内矗立着九十九座山峰，花岗石构成的岩体，使得整个山形峻峭挺拔，享有"东南第一山"的美誉，至今保留着清乾隆亲笔题赐金匾"东南第一山"。

九子岩：国家 4A 级旅游景区，其地处安徽省青阳县西南部，为九华山国家森林公园的重点景区。景区内风光秀美，气候宜人，不但有黄山的雄壮秀丽，还有华山的险峻。

牯牛降：国家 4A 级旅游景区，被称为"华东动植物基因库"，景区内的动植物资源极其丰富，同时也是国家级的野生动植物自然保护区，享有"第二黄山"的美誉。

九华天池：国家 4A 级旅游景区，地处池州马衙境内，景观自成一格，被人们赞为江南的"阿里山"。

大王洞：国家 4A 级旅游景区，位于池州西南的牌楼镇，规模宏大，洞内常年保持恒温，是夏季游玩避暑的绝佳去处。

杏花村：国家 4A 级旅游景区。杏花村是池州最具有历史人文气质的古村落，很早之前就有诗句对其恬静幽然的环境进行过描述，如"村酒村花两共幽"和"十里烟村一色红"等动人的诗句。晚唐时期，有"小李杜"之称的杜牧在池州任刺史期间到杏花村春游，留下了传唱千年的名句——《清明》中的"借问酒家何处有，牧童遥指杏花村。"

怪潭：国家 4A 级旅游景区。怪潭景区以怪潭、三埭石、古钓台、漂流、水上乐园而得名，景区内风光秀丽，山水相连，环境清静雅致。怪潭中有四公里长的漂流，两处冲浪滑道，五道激流险滩，山水环绕，水行山间。

齐山—平天湖：国家 4A 级旅游景区。景区由平天湖南部湿地公园、平天湖景区、齐山风景名胜区三大景区组成，湿地、山峦、湖水交融相连，并以"奇山奇水、奇崖奇石、奇洞奇侠"而闻名于世。

鱼龙洞：国家 4A 级旅游景区。其位于石台县东部六都乡鱼龙村境内，洞口犹如一条鳄鱼张起大嘴，一弯透亮清水汨汨流出，常年未见其断流。整个洞体有五千余米长，地下河水穿涌其中，初时极为狭小，而后渐次开阔，气势逐渐宏大磅礴。

南溪古寨：其位于池州东至县南溪村的一个深山峡谷内。深山之中生活着八百余户匈奴后裔，距今已有千余年历史。南溪古寨与外界沟通交流极少，因而保存着淳朴的民风以及原始的生活方式，村落的原始生活状态和环境也因此得以保留。

秋浦河：秋浦河被赞为"流淌着诗的河"，大诗人李白从公元 749 年到公元 761 年的十几年间，曾经五次游览秋浦之地，为秋浦留下了 45 首绝美的诗文和诸多奇美动人的传说，如《秋浦歌十七首》。

蓬莱仙洞：位于池州石台县杜村境内，全洞长约三千余米，总体面积可达两万平方米之多，分为四层结构：天洞、中洞、地洞、地下河。洞体造型独特，弯曲环绕，气势宏大开阔，可谓处处有奇景，步步有佳地。

升金湖：升金湖有"中国鹤湖"的美誉，是亚洲重要的湿地自然保护区。这里湖水清如明镜，湖中的水禽类资源丰富多样，有一百多种禽鸟，是鹤类主要的越冬地之一。

（一）中国优秀旅游城市

池州的最大特点是生态环境好、旅游资源丰富、境内处处山清水秀。"十一五"以来，池州市按照"加快建设以九华山为龙头、主城区为中心、各县区为支撑的大旅游格局"发展思路，全面实施"大九华、大旅游、大产业"发展战略，加快以九华山为龙头的旅游开发。2006 年 10 月，池州市创建中国优秀旅游城市获高分通过，2007 年初文化和旅游部正式批准命名。

（二）国家级园林城市

池州市是安徽省 1996 年公布的第二批安徽省历史文化名城。

2019 年 8 月，被评为 2018 年"中国外贸百强城市"。

2019 年 8 月 28 日，池州市入选第四批中央财政支持开展居家和社区养老服务改革试点地区名单。

2020 年 6 月，被授予"第五届安徽省文明城市"称号。

2020 年 8 月，入选"2019 年中国外贸百强城市"名单。

2020 年 12 月 25 日，被国家卫生健康委等授予"无偿献血先进省（市）奖"。

2021 年 10 月，入选第二批国家文化和旅游消费试点城市名单。

二、革命圣地

池州是革命老区，一直以来都有着拥军优属、拥政爱民的光荣传统。2003 年，被命名为全国双拥模范城，这是池州撤地建市以来获得的第一张国家级名片。2007 年，池州再一次获得双拥模范城的称号，实现"两连冠"。2020 年，再一次被评为全国双拥模范城。

（一）池州革命烈士陵园

池州革命烈士陵园位于池州市区西城区，占地面积 150 亩，是省级重点烈士纪念设施保护单位、省级文物保护单位、省爱国主义教育示范基地、省国防教育基地、省党员干部党史学习教育基地。由原贵池市人民政府于 1990 年 7 月兴建，2011 年池州市委、市政府启动二期工程建设。陵园内的池州革命烈士纪念馆，于 2016 年 9 月建成开馆，陵园集中迁（安）葬了贵池区境内 25 位烈士。池州烈士纪念馆分上下两层，设展板 500 余块，珍藏烈士遗物、革命文物 70 余件，运用雕塑、油画、半景画、沙盘、场景再现等形式，结合现代化声、光、电技术，再现从新文化运动时期到和平建设时期，有代表性的烈士和先辈凌霄、陈仲亭、方瑛、纪志新、严秀英、姚依林、方国华、倪南山等 196 人的英雄事迹及池州"红色"历史。

（二）池州棠溪革命历史纪念馆

棠溪曾是中共贵池县委地下组织的摇篮，无数革命先烈在这里英勇战斗过。最著名的是皖赣红军独立团和中共贵池县委在这里发动了年关暴动，不仅解放了棠溪地区，更使得贵秋东革命根据地连成一片。抗日战争时期，中共贵池县委、县政府和贵池县立初级中学（贵池中学的前身）曾迁至棠溪达 7 年之久。

留田年关暴动烈士陵园位于棠溪镇棠溪社区，距城区 42 公里，由原中共贵池县委、县政府和原棠溪乡党委、政府于 1986 年开始修建。2013 年棠溪镇出资 28 万元对年关暴动纪念陵园和 26 处零散烈士墓进行了修缮，并为檀炳光、檀周贵、马树荣三位烈士在池州市烈士陵园安放了纪念碑。

后当地区委、区政府再次拨款 248 万对年关暴动烈士陵园进行修缮扩建，并在陵园旁新建了"棠溪革命历史纪念馆"。

棠溪革命历史纪念馆共有两层，370 平方米。其中一层分为"土地革

命・红旗飘扬古棠溪""抗日战争・贵池中学部分学生流亡棠溪""解放战争・新四军重返棠溪"三个展区；二层设立了纪录片播放厅和"棠溪好人馆""党风廉政教育室"。馆内陈列展出的内容，重点介绍了从土地革命至中华人民共和国成立这一时期的重要历史事件、重要党史人物、重要革命旧址，翔实、生动地展现了中国共产党领导下的当地人民开展革命斗争的光荣历史。

（三）宾山革命纪念馆

宾山革命纪念馆位于青阳县酉华镇宋冲村。宾山在泾县、青阳、南陵三县交界处的酉华镇宋冲村，这里背靠山区，面向沿江，位处"江防要地"。抗日战争和解放战争时期是泾（县）、青（阳）、南（陵）游击根据地，解放战争时期，泾青南县委驻扎于此，开创了泾青南游击根据地，坚持了三年的游击战争，为迎接大军渡江、解放全中国做出了重要贡献。宾山革命纪念馆由遗存至今的泾青南县委旧址改建。

（四）黎痕老街革命旧址

黎痕老街革命旧址位于东至县木塔乡荣兴村。黎痕既是"千年古村落"，又是革命老区。1934年10月，红军北上抗日先遣队西进至德黎痕苏区休整。11月，中共皖赣特委、皖赣边分区苏维埃政府迁至黎痕，医院和财政部、宣传部等机构随之迁至附近的荣胜村，并在西家畈、湾子里两村设有红军银行。

（五）高山革命老区

高山革命老区位于东至县东部的高山革命老区，可以参观陈列馆珍贵的革命文物、历史照片和遗物等，感受中国共产党人追求真理的坚定信念和浴血奋战的大无畏革命精神。

（六）凌霄烈士墓

凌霄烈士墓位于池州烈士陵园内，现为省级文物保护单位、市级重点文物保护单位、市级爱国主义教育基地。凌霄（1905-1935）贵池里山人。1925年考入广州黄埔军校第四期步科，同年加入中国共产党，结业后参加北伐。1928年冬，凌霄在贵池江口流坡矶创建贵池特支，并任书记，领导开展学生、士兵、农民和工人运动。1930年初，怀宁中心县委调他到潜山组织领导请水寨暴动，任潜山红军独立师副师长兼参谋长。暴动失利后，凌霄回到贵池任贵池县委委员，负责武装工作。1931年底，凌霄在徽州工委领导下，奔走于宣城、贵池、祁门、秋浦等地开展革命活动。1934年秋，不幸在泾县被捕。1935年1月16日在贵池城内慷慨就义。

（七）唐田镇八一烈士陵园

位于贵池区唐田镇八一村大溪村民组刘家岗。1949年4月21日晚，人民解放军第二野战军第三十师、第三十一师、第三十二师强渡长江后，在唐田镇八一村大坑附近，与敌后卫部队交火。战斗中，有48位解放军指战员英勇牺牲，牺牲的烈士由附近村民就地安葬在大坑河坡。1953年春，八一村将这48名烈士连同大溪林和施家山6名烈士，一道移至刘家岗墓地重新安葬并立碑。2012年、2019年，唐田镇党委、政府对陵园进行修缮，并建立八一革命烈士纪念碑。

（八）仙寓山古徽道红军战壕

仙寓山古徽道红军战壕位于石台县仙寓山古徽道上。1933年，方志敏带领红军北上抗日，在古徽道与国民党浴血奋战。1949年，解放军横渡长江后，向西南挺进，途中经过古徽道，炸毁敌军27座碉堡，歼灭敌军三千余人，剿灭土匪八百六十多人，解放军在此地取得了出色的战绩。一些机关旧址也都在仙寓山，如原徽州工委机关、原秋浦县委机关、原"贵、至、东中心县委、苏维埃政府"机关旧址。

（九）江小妹故居

位于洋湖镇奠龙村北冲村民组。江小妹（1915—1937），女，1935年5月参加革命，同年加入中国共产党。先后任贵秋县第一区妇女主席，江南特委妇女部长。江南特委遭敌破坏后，她随部队转移到皖浙赣三省交界的山区，在皖浙赣省委机关工作，兼任浙江福岭山中心县委副书记。1937年10月23日，江小妹因叛徒告密被捕。26日上午，在开化县城南门外河滩上被敌杀害，年仅22岁。

三、历史文化

(一) 曲艺

池州是中国傩戏的发源地，池州傩戏被誉为戏曲活化石，而青阳腔又被称作"徽池雅调"，这两个戏种都被列为国家级非物质文化遗产，同时也都被称作"中国戏曲的百科全书"。明朝早期，著名的青阳腔在这里出现，青阳腔在傩戏、目连戏、余姚腔的综合影响之下，形成了自身独有的戏剧风格特点。当代南戏专家钱南扬先生在其著作《戏文概论》中指出，宋代出现的余姚腔，其唱法特点为滚唱，青阳腔很好地继承并发扬了滚唱的唱法特点。中国戏曲艺术也因青阳腔的出现而得以丰富和发展。傩戏中的一个唱腔形式——高腔，所指代的就是青阳腔。

石台目连戏和黄梅戏姐妹腔的文南词被列为省级文化遗产。池州同时也是安徽地方戏曲——黄梅戏主要的流行地区，有着广泛的群众基础，在民间的传播范围极广。

池州傩戏历史悠久，是中国诸多古老戏曲中的一种。当地人对傩戏的称谓有许多，如"杂剧""杂戏""嚎啕神戏""地戏"等。查阅《贵池县志》可以发现，池州傩戏形成于明代中期，兴盛于清代。古《郡志》中记载了先民们"祀社毕饮，执手踏歌"的场景，并说池州傩戏中的逐疫活动是"周礼遗存"。《池州府志·上元观灯》载："门各跨街张灯，群童迎巧灯，扮杂戏以态，观赏爆竹放花，箫鼓之声彻于间巷。"又据《池州府志》载："凡乡落自（正月）十三至十六夜，同社者轮迎社神于家。或瑞竹马，或肖狮象，或滚球灯，妆神像，扮杂戏，震以锣鼓，和以喧号。群饮毕，返社神于庙。"这些史料生动地再现了明代嘉靖年间池州傩戏的风貌。当时的傩戏在祭祀昭明太子的同时，还有了戏剧情节的表演以及角色行当的分工。这种祭祀、戏曲、舞蹈并存的三段体式的傩戏结构一直沿用到今天。

明清两代，每年池州傩戏会在春季和秋季进行两次演出。春傩在《池州府志·二月》中有相关的记述。而《池州府志·八月祀社》中有"社日诸乡各祀其社，盖报赛遗意，礼与春社同"的记载。古时池州农村每年八月十五日，人们举行祭祀池州昭明太子萧统的仪式，也就是所谓的秋傩。明朝时期，倭寇频繁袭扰池州一带的百姓，流民随处可见，池州傩戏也因此遭到严重的破坏。到了清朝，人们对于昭明太子的祭祀活动也渐趋中止。频繁的战事使人们居无定所，家破人亡，在生存没有保证的情况下，人们也没有更多的精力和时间来考虑傩戏的传承与发展，因此傩戏在这一时期逐渐被人们所遗忘。1937年，日本侵略军打入中国，傩戏也又一次遭到破坏，大量家族中的祠堂被焚毁，傩面具也没有被完整保存下来。在20世纪60—70年代，傩戏文化被简单归为封建迷信文化，池州傩戏也因此受到了空前的破坏，这一时期的傩戏文化研究处于停滞状态，没有人敢进行这方面的研究。一直到1983年，刘街乡的姚官保老人不经意间发现了三面20世纪60年代前的面具，这才让傩戏重见天日。姚官保老人与村中的其他长者一同商量着，尽最大可能将遗失的面具补齐，这才让池州长期中断的傩事活动也逐渐恢复了生机。

现如今的傩戏依然留存着古老粗犷、神秘独特、豪放不羁、幽默诙谐的特点，其较强的观赏性使其受到越来越多人的关注。每年一次的春季祈年活动，从农历正月初七到正月十五，演出将近十天的傩戏，是当地人一年中一项重要的活动。池州傩戏的祭祀活动大致可以分为四个部分：文傩祭（傩仪）、傩舞、正戏、致吉祥辞。池州各个乡村的傩事活动都以"社"为单位，通常一个家族聚居的自然村为一个大社，成立一个傩神会。而较为庞大的家族，支系繁多，则会分散居住于多个自然村落，进而也就组成了多个傩神会。此外，不同的家族也可能会共有一个傩神会。池州本地的大姓氏族以及各个参加演出的村社，在正月初六半夜子时一直到第二天的凌晨，会从祠堂楼阁的神幔中取下傩面具，意为"迎神下架"，隆重而正式的祭祀仪式从此开始。

（二）民俗

池州地理位置独特，多元文化交融汇聚于此，形成了池州"大熔炉式"的民俗文化风格，各种文化在不断融合与碰撞时，产生各种新的、不同的形式和内涵。九华山庙会和东至花灯被列为国家级非物质文化遗产，而省级文化遗产有鸡公调、平安草龙灯、石台唱曲、罗城民歌等。

独特的地理位置、多元文化的交融汇聚，形成了池州风格迥异的民俗文化，可谓"五里不同风，十里不同俗"。

1.东至花灯

古老的汉族民俗文化活动东至花灯，其历史可上溯到唐代后期，它由

"六兽灯""磨盘灯""八仙过海灯""五猖太平灯""龙灯""狮子灯""蚌壳灯"等十余种形式各异的花灯组成，主要灯种根植于本乡本土，有的异地流入，表演形式各异，具有丰富的汉文化内涵。2008年，东至花灯经国务院批准列入第二批国家级非物质文化遗产名录。

2. 九华山庙会

九华山庙会是国家级非物质文化遗产，是一种古老的传统民俗文化，起源于唐代。每年农历七月三十日，四方信徒、香客云集九华朝山进香、拜塔、朝拜天台，许多山民和手工艺者趁此机会来做买卖，民间艺人也趁此机会来献艺，逐步形成了传统的九华山庙会。

3. 石台唱曲

石台唱曲，又称坐唱，一般以7到9人为班，以生、旦等行当为主，用锣、鼓等乐器伴奏，是一种不搭台、不化装，自打自唱的汉族戏曲表演形式。起初出自昆曲的徽调坐唱。明剧作家王骥德《曲律》中所载"两头蛮"即为石台唱曲。

4. 平安草龙灯

平安草龙灯是省级非物质文化遗产，是一种流传于安徽省东至县木塔乡的汉族传统民俗文艺活动。传说龙能行云布雨、消灾降福，象征祥瑞，所以以舞龙的方式来祈求平安和丰收就成为全国各地汉族的一种习俗。艺技起源于宋代木塔镇方氏家族的祭天活动。每年农历八月十五日由方氏家族发起，于当日夜晚游行。

5. 酉华唱经锣鼓

酉华唱经锣鼓是安徽省池州市的传统民间音乐，属于省级非物质文化遗产之一。酉华唱经锣鼓是酉华乡乐元、田屋、二酉一带老百姓自娱自乐、集体传承、集体发展的汉族民俗文化形式。

（三）诗词

"相逢桥上无非客，行尽江南都是诗"（萨都剌《重过九华山》），池州素有"千载诗人地"的美誉。唐代大诗人李白三上九华、五游秋浦，写下了数十首赞美池州山水的不朽诗篇，如著名的《秋浦歌》十七首，其中的第十二首曰："水如一匹练，此地即平天。耐可乘明月，看花上酒船。"又如《秀华亭》一诗曰："遥望九华峰，诚然是九华。苍颜耐风雪，奇态灿云霞。曜日凝成锦，凌霄增壁崖。何当余荫照，天造洞仙家。"另外，还有一首《清溪行》："……人行明镜中，鸟度屏风里。向晚猩猩啼，空悲远游子。"

晚唐诗人杜牧在任池州刺史时写下的《清明》诗，被后人称作千古绝唱，也使池州杏花村名播青史、蜚声中外。此外，杜牧还有《重送》一诗，曰："手撚金仆姑，腰悬玉辘轳。爬头峰北正好去，系取可汗钳作奴。六宫虽念相如赋，其那防边重武夫。"另外，杜牧在九峰楼有一首赠予张祜的诗作《登池州九峰楼寄张祜》："百感中来不自由，角声孤起夕阳楼。碧山终日思无尽，芳草何年恨即休。睫在眼前长不见，道非身外更何求。谁人得似张公子，千首诗轻万户侯。"

此外，白居易、陶渊明、苏轼、王安石、包拯、文天祥、岳飞、朱熹、陆游、李清照等许多文人雅士也曾徜徉在池州山水之间，留下了数千首诗作。例如，白居易的《冬至宿杨梅馆》："十一月中长至夜，三千里外远行人。若为独宿杨梅馆，冷枕单床一病身。"刘长卿的《北归次秋浦界清溪馆》："万里猿啼断，孤村客暂依。雁过彭蠡暮，人向宛陵稀。旧路青山在，馀生白首归。渐知行近北，不见鹧鸪飞。"

中国现存最早的一部诗文总集《昭明文选》，就是梁昭明太子萧统奉命召集翰林学士，在池州编辑并刻版印刷的。

第三章　池州方言保护基本概况

第三章 池州方言保护基本概况

池州地区面积并不大，却拥有多种方言，有宣州话（吴语次方言）、赣语、徽语、江淮方言和皖南吴语。这五种方言交错分布，不受行政区划的限制，如宣州话分布在贵池、青阳、石台三县接壤地带。各县都有三到四种土语，但都有主体方言：东至县以赣语跨度最大；贵池、青阳以江淮方言为主；石台县是多方言区，境内有四种方言，一般来说宣州话和徽语是土著方言，赣语与江淮方言则是移民话。近年来，石台外来人员不断增加，移民话大有逐渐取代土著方言的趋势。

池州地处长江南岸，气候地理条件宜于耕作，因而一直以来都有外省（湖南、湖北、江西、河北），以及本省外县移民或避难或谋生到此安家落户。他们有的聚族而居，有的与土居山越族杂居共处，两种或两种以上的外来方言与本地土语长时期的交往、渗透，因而形成了众多的土语群。池州山区交通闭塞，"土著之民惮运行，不事贸迁"，并且与外界接触很少，语言也只能在极小范围内进行交往，而分散的农村经济生活正好为这些方言土语的形成和巩固创造了有利条件，因此虽经过多年的变迁，当地却依然保持着土著方言特色。池州近期的移民是在清末民初，沿江地带大兴修圩造田，北岸各县（桐城、枞阳、怀宁、无为、庐江）大批客籍农民渡江南迁，散居于圩区，他们偏安一隅，保持原乡土习俗，语言则与本地话差别较大。

池州方言大体上划分为：北部沿江地带与丘陵地区属江淮方言；东南和西南的山区则是宣州话、赣语、徽语三种方言并存。各地方言的差异主要是语音，词汇次之，语法上的差异更少。语音主要特点：四呼俱全，尖团音不分，声母有清浊，声调平、上、去分阴阳，保留古入声，词类五至七个，m和n自成音节，有变调，有轻声，有儿化韵。词汇方面则各具方言特色，有相同之处，也有不同之处，例如称太阳为"日头"，淋雨称作"沤雨"，藏为"[ka]"，薄曰"枹[φi]"，推曰"扠[so]"。人称代词的复数，山区话用"大氏[t'as]"代替"们"，如"我大氏，你大氏、伯大氏。而你、我、他则又后缀"侬"和"恶[ne]"，如：我侬、你侬、伯恶。石台、东至话称茄子为

"落丝"，蚯蚓叫"寒虫"。有的词词义相同，但词序颠倒，颇具赣语、吴语特色，如公鸡、母鸡称"鸡公、鸡母"，热闹为"闹热"，健康曰"康健"，客人称"人客"。

拥有大量的多音节形容状态词，也是池州方言的显著特点。单音节形容词都要前加修饰使得形容的程度更加强烈和生动，如"瘟苦""丰嫩""嘣脆""铁硬"等。夸妇女聪明贤惠曰"亭当"，不明事理，简单化叫"木骨"。像三字格、四字格的形容状态词则是常言熟语，如"不赫显"（不怎么样）、"谷荡清"（水清澈见底）、"大而化之"（不踏实，遇事无所谓，漫不经心）、"鬼画桃符"（比喻胡说乱写）。

池州方言有些词语至今仍沿用古义。例如，"郎中"（医生），宋朝就已经有此称呼；"濛松雨"（小雨、毛毛雨），《说文解字》有"濛，微雨也"的解释；"往年"（以往的年月），唐杜牧《怅别诗》："自恨寻芳到已迟，往年曾见未开时。"

池州各地方言之间的区别可以通过一张表来详细进行对比，见表3-1。

表3-1 池州各地区方言对比图

普通话	贵池话	东至话	青阳话	石台话
细雨	濛松雨	濛濛浠/濛松	毛毛雨	濛烟子雨
闪电	拉闪	掣豁	扯豁	扯豁
蚊虫	蚊子	门虫	蚊子	门子
茄子	茄子	茄子	锤子	落丝
烤饼	烧饼	炉饼	大饼	楼饼
父亲	搭搭	伯伯/老子	搭搭	爹爹
弟弟	兄弟	小汉	兄弟	弟男
男人	男子汉	男人家	大们佬的	男的
女人	女的/奶奶	女人家	大们奶奶	女的

池州方言在不断发生着演变。特别是近些年，随着社会的发展，人们日常交往日益频繁，更多通过网络、手机等便捷方式进行交流，文字形式的沟通占有较大的比重，而日常生活或工作中所使用的文字不能很好地呈现池州方言所能表达的内容，而更优的选择是语音通话或是视频通话。此外，年轻一代甚至是老年人日常的沟通交流主要是通过手机，因此很容易受到互联网信息的影响，网络语言会对方言造成冲击，影响池州方言的使用频率。因此，文字的大量使用，无形之中势必会阻碍池州方言的传播与推广。本身池

州方言现有的使用人数也随着老一代人人数的下降而逐渐减少，现又存在互联网所带来的新的冲击，池州方言的保护工作面临着巨大挑战。池州方言的保护工作迫在眉睫，这不只是对方言的保护，同时也是对池州文化的一种保护。

除此之外，近些年池州人口流动增大，以往方言封闭的局面已被逐渐打破，这为池州方言的推广与宣传提供了良好的时机，但与此同时，更多的交流也势必会带来新的文化元素，从而影响池州方言的发展。加之学校推广普通话以后，青少年的口语已大有改变，在对外交往中，即使是山区人，也能说一口外乡人听得懂的下江官话。但在普通话推广的同时，还应当注意保护池州方言在日常生活中的使用场景。

进行池州方言的可视化不只是针对池州方言口语进行可视化呈现，同时更应当对于方言的文字形式进行可视化呈现。在设计之时，应当化繁为简，以更加直接的方式、大众更易懂的形式进行可视化设计。通过上文所述，可以见到，池州方言词汇以及表达方式有更为复杂而细致的规范与分类，在进行池州方言保护时，应当选用适当的词汇与表达方式，由简入繁，由表及里，让受众逐步接触池州方言以及池州文化。

在此大环境作用下，池州方言保护工作急需各方集中重点资源，增大方言保护方面工作的成效。

池州有着独特的历史与人文环境，池州文化是中国传统文化的重要组成部分，有关各方需要加大对池州方言保护的力度，在这一章将重点介绍池州方言保护的基本情况，包括池州方言保护的历程、池州方言保护的实施现状以及池州方言保护的发展三部分内容。

第一节　池州方言保护历程

中国幅员辽阔，人口众多，为了便于广大人民群众沟通交流，从50年代开始国家就确定了普通话的标准官话和主流汉语的地位，后来又在《宪法》及《中华人民共和国国家通用语言文字法》等许多法律中明确规定普通话为国家通用语言，在全国范围内大力推广，使普通话在我国语言生活中处于主导地位。随着普通话的逐渐普及，尤其是在学校里的全面推广，越来越多的青年人普通话水平越来越高，然而他们在和本地人交流的时候，不得不在方言中加入大量的普通话才能表达出自己的意思,甚至完全抛弃方言,只用普通话进行交谈。随着城市化进程加快以及人口流动的日益频繁,普通话得以更广泛地应用,而方言的使用人群和使用范围则不断缩减。方言承载的是一个精彩的世界,一代人故去,一代人新生,更替之间,这个世界却渐渐消失。为了保护国家语言资源,教育部、国家语委决定自2015年起启动中国语言资源保护工程,在全国范围开展以语言资源调查、保存、展示和开发利用等为核心的各项工作。在现代化和全球化的今天,保护语言资源有着重要的意义与价值。

一、方言是民族区域感情认同的标识

方言是由于人口的迁徙和地域的差异而形成的语言的变体,中国历史上的几次民族迁徙更是导致了不同地域方言的产生。方言之中暗含着诸多信息,一句方言可以唤起人们对儿时的回忆,可以引发人们对故乡的怀念。方言在长期的使用过程中,可以成为人们识别身份的"符号",人与人使用方言来沟通交流,可以接近彼此之间的感情,凝聚文化认同。

古诗中就有"少小离家老大回,乡音无改鬓毛衰"的句子,即使时隔几十年,头发都白了,但是乡音仍在。还有一句俗语叫"老乡见老乡,两眼泪汪汪",即使不认识的两个人,只要说着同样的乡音,就能引起对方强烈的共鸣。这说明方言是情感联系的纽带,它带给同乡人的亲切感和认同感是其他语言无法取代的。

二、方言是地方戏剧和民歌的重要载体

现以地方戏为例,地方戏起源于特定的区域,是文化遗产的重要组成部分,它的语言一定是当地方言,只有用当地语言吟唱才能体现它的独特魅力。笔者的家乡是安徽省青阳县,县境内方言可分为"青阳话"和"客籍话"两大类。"青阳话"是指早期祖居青阳人所说的话,是本县的主要方言。"客籍话"主要是近代以来由于各种原因迁居青阳的客籍人所说的话。本地最有名的地方戏是青阳腔。2006年,青阳腔经国务院批准列入第一批国家级非物质文化遗产。它源自明嘉靖年间青阳艺人所创的一种戏曲声腔。江西弋阳腔流入青阳后与本地方言及民歌小曲相结合,形成青阳腔。京剧、赣剧、湘剧、川剧等戏曲剧种,都直接或间接地吸收了青阳腔,故青阳腔被誉为京剧"鼻祖"和戏曲的活化石,它对中国戏剧的发展做出了重大贡献。由于多种

原因，青阳腔日渐衰落，基本上已从舞台上消失。如果想要传承这种文化，最基本的是先要学会当地的语言。青阳最有名的民歌是九华民歌，广泛流传于九华山地区，是人们在劳动生产生活过程中，有感而发、抒发情怀的，如有茶歌、耘草号子、团茶歌、门歌等。这些民歌唱起来一定要带着青阳的腔调，如果青阳话消失了，这些宝贵的文化遗产也将消失在历史长河之中。

三、方言是民俗传承的重要因素

"十里不同风，百里不同俗"，中国地大物博，历史悠久，受到气候、经济、文化等多种因素的影响，各地在衣食住行等方面都有不同的风俗。方言是民俗得以传承的重要载体，在历史的发展过程中，民俗是产生方言的基础，首先产生民俗，然后才能产生与之相应的方言，没有民俗就没有方言，不同的民俗形成和巩固必须要用不同的方言来表示。以青阳本地风俗来看，旧时的播种开始于清明后，有"挨谷（谷雨）撒谷"的习惯，稻种箩中插柳枝叫"盼青"，稻种下田后家里做"芽稻粑"，敬秧田菩萨。婚嫁的时候，女方带女儿和亲属去男方家看一看，叫"看人家"，双方满意了，男方送聘礼，女方回赠礼物叫"递手"。婚事决定后，男方须下聘礼，叫"压庚"，决定迎娶吉日，通知女方叫"送日子"。即使现在这些风俗有的已经不存在了，可是这些方言依然留存了下来，通过它们我们依然能了解当地的历史风俗。

综上所述，方言对各地文化的认同、戏剧的传承、风俗的承载都有着重要的作用，尽管普通话作为全国范围内的正规语言，有着不可动摇的主体地位，但方言也有其不可替代的作用。语言的发展应该兼容并包，普通话和方言应该和谐共存，共同构成珍贵的中华民族语言。

四、相关法规和政策

《中华人民共和国国家通用语言文字法》（2000年）为我国首部语言政策相关法案。

教育部对这一法案的解读为，方言作为客观存在的语言，自有其独特的使用价值。国家在全国范围内大力推广普通话，其主要用意并不是让方言就此消亡，而是要求方言地区的人们在会说自己本地方言的基础上，再去掌握国家通用的普通话，以便在正式场合或是公众场合进行沟通和交流。

2013年1月，教育部、国家语言文字工作委员会印发《国家中长期语言文字事业改革和发展规划纲要（2012—2020年）》，指出要"建立和完善语言资源库，探索方言使用和保护的科学途径。"

2016年，教育部、国家语委印发《国家语言文字事业"十三五"发展规划》，其中"弘扬传播中华优秀语言文化"被列为"主要任务"之一，提出要开展"中华优秀语言文化传承与保护工程"，特别指出要"实施中国语言资源保护工程，收集整理汉语方言、少数民族语言和民间口头文化的实态语料和网络语料"。

2017年，中共中央办公厅、国务院办公厅发布《关于实施中华优秀传统文化传承发展工程的意见》。该文件在"重点任务"一节中提出要"大力推广和规范使用国家通用语言文字，保护传承方言文化"。

2019年，中国政府与联合国教科文组织在长沙举办"世界语言资源保护大会"，发表了《岳麓宣言》，向世界各国倡议："保护和促进语言多样性有助于提高濒危语言、少数民族语言、土著语言、非官方语言以及方言母语者的潜力、行动力和主动性"；"增加濒危语言、少数民族语言、土著语言、非官方语言以及方言母语者平等和优质就业的机会，以此推动可持续的经济增长"；"寻求濒危语言、少数民族语言、土著语言、非官方语言以及方言保护传承的新途径。"

2020年6月2日，教育部举行新闻发布会。会上，教育部语言文字应用管理司司长徐晓萍表示："《国家通用语言文字法》规范的是公共领域的用词用语，对个人在非公共领域使用语言文字没有做任何的限制，并且即使在公共领域《国家通用语言文字法》对使用方言也留有了空间，例如在执行公务、播音、戏曲影视等艺术形式出版教学研究等，确需使用方言的时候是可以使用方言的。"

五、相关举措

方言具有丰厚的文化底蕴，我国多样的方言承载着地区的发展历史，积淀着丰富多彩、不可再生的文化信息，是十分宝贵的资源。但随着社会经济的迅速发展、城镇一体化进程的加快和城乡人员流动的增加，使用方言的人越来越少，传承正面临着前所未有的威胁。

针对方言退化、濒危问题，党和政府高度重视，提出要作为抢救工程，切实做好汉语方言和少数民族语言的整理，为传承和弘扬中华优秀语言文化做出贡献。

（一）关于在推普同时推出相关政策保护方言的建议

近年来，财政部、教育部、国家语委、文化和旅游部等部门不断加大支持力度，推动语言资源的研究和保护工作。

2015年，教育部、国家语委启动了中国语言资源保护工程（以下简称语保工程），由国家财政支持，在全国范围内开展以语言资源调查、保存、展示和开发利用为核心的各项工作。语保工程作为目前世界上规模最大的语言资源保护项目，进展顺利，已实现全国所有省份全覆盖。截至2018年8月，语保工程已经完成总体规划1500个调查点的72%。《中国语言文化典藏》《中国濒危语言志》，以及汇聚调查成果的中国语言资源库和采录展示平台等系列标志性成果逐步完成。下一步，教育部、国家语委将继续推进语保工程建设，推动以图、文、音、像、影多种形式全方位保存展示我国语言方言文化资源。

文化和旅游部2017年启动非遗记录工程方案的制订，积极支持对传承环境或条件发生重大改变、传承面临困难的使用方言的国家级非遗代表性项目进行保护。

（二）关于利用媒体资源创造语言环境的建议

《广播电视管理条例》规定，将普通话作为广播电台、电视台的基本播音用语，但同时也积极引导推动各级电台电视台制作播出以方言为载体的戏曲等非物质文化遗产主题节目。

教育部、国家语委积极支持和引导各地将推进语保工程与文化建设结合，通过信息化手段，充分展示本地的语言文化资源，目前北京、辽宁、黑龙江、上海、江苏、浙江、广西、四川等地已建或拟建本省区的语言资源库或网上语言博物馆，湖南计划在省博物馆内建设实体的"中国语言文化馆"。下一步，教育部、国家语委将继续支持和推动各地语言博物馆、体验馆等语言文化体验展示环境的建设。

（三）关于学校教育适当引入方言教育的建议

按照《国家通用语言文字法》的规定，学校及其他教育机构应以普通话和规范汉字为基本的教育教学用语用字。随着社会更加关注方言文化，一些地方在课外传授方言知识等方面做了一些探索，如部分省市在中小学开设以传授方言知识为内容的课外活动。文化和旅游部会同教育部推动使用方言的非遗项目，如传统戏剧进入校园。安徽省将非遗传承与素质教育、文化交流结合起来，推动非遗项目进入572所学校。

（四）关于通过基层群众性文娱活动保护方言的建议

教育部、国家语委在推进语保工程建设中，注重宣传推广，积极争取社会各界的关注与支持，扩大社会影响力，支持举办"方言文化"校际公选课、"故乡·说"方言文创大赛、方言微电影大赛、语保工程志愿者高校代言人等群众性活动，努力将工程建设成果转化为促进社会对语言资源保护的自觉意识。文化和旅游部通过非遗传承人研修研习培训计划、文化生态保护实施区等加大对方言项目的支持，促进群众对方言文化的近距离体验。

第二节 池州方言保护的政策及举措

关于池州方言保护的实施情况，国家在这方面做了相应的指导，关于政协十三届全国委员会第三次会议第3518号（教育类367号）提案答复的函中，对保护地方方言作了详细的说明。

一、将方言保护列为国家重大文化传承工程项目

近年来，中央宣传部、教育部、国家语委、文化和旅游部等部门不断加大工作力度，大力传承和弘扬中华优秀传统文化，将方言传承和保护列入相关规划和工作计划。

2017年，中共中央办公厅、国务院办公厅印发《关于实施中华优秀传统文化传承发展工程的意见》，提出要"大力推广和规范使用国家通用语言文字，保护传承方言文化"。中央宣传部深入实施中华优秀传统文化传承发展工程，支持设立"戏曲传承振兴工程""民间文学大戏出版工程"等子工程，将以传承和保护方言为基础的地方文化项目纳入工程建设。

教育部、国家语委印发的《国家语言文字事业"十三五"发展规划》提出加强中华优秀语言文化传承与保护。2015年，教育部、国家语委启动中国语言资源保护工程（以下简称语保工程），在全国范围内开展以汉语方言和少数民族语言资源的调查、保存、展示和开发利用为核心的各项工作，语

保工程是目前世界上最大规模的语言资源保护项目。五年来，工程建设成效显著，社会反响良好，在国内外产生重要影响。工程同步建设的中国语言资源库和采录展示平台，汇聚123种语言和全国各地方言数据超过1000万条，已经成为世界上规模最大的语言资源库。

文化和旅游部近年来开展全国地方戏曲剧种普查，摸清全国现存地方戏曲剧种情况，支持使用方言表演的戏曲传承。

中央广播电视总台结合不同地区受众需求，开办了多个以方言为播出语言的频道节目。其中，神州之声以闽南话、客家话方言播出；香港之声除粤语节目外，还开办《四海乡音》《天下潮人》等客家话、潮州话节目；2019年9月，粤港澳大湾区之声及其新媒体平台同步开播上线，该节目以粤语播出为主，并设有客家话、潮汕话等方言节目。

二、支持各地建设方言博物馆和语言（网络）档案馆

中央财政通过设立中央基建投资转移支付资金，对地方基础设施建设项目予以支持。各地博物馆和档案馆基础设施项目中符合中央基建投资范畴的，可按规定向国家发展改革委申请解决。

教育部、国家语委在语保工程建设中，高度重视成果的展示和开发应用，鼓励和支持各地结合当地文化建设，筹建本地语言文化资源库和语言博物馆。截至目前，广西、浙江已建成地方语言资源平台，北京语言文化数字博物馆系统完成研制。此外，各地还积极支持相关高校建设语言博物馆，如广西建设的贺州学院语言博物馆和广西民族大学语言博物馆等。

下一步，教育部将与相关职能部门密切协作，继续开展语保工程后续建设工作，积极争取财政支持，推动将我国方言保护工作纳入相关国家重大文化传承工程项目，努力推进汉语方言文化的传承。同时，在相关政策上积极支持全国各地通过多种方式、多种渠道宣传和展示方言文化及相关研究成果。

除此之外，科大讯飞启动了一个方言保护的专项计划，征集全国各地方言的发音人，采集方言语音。这是一项针对重点方言保护和传承的加速计划，当一种方言的方言发音人超过5万人时，讯飞输入法将启动针对性的方言专项计划。这项计划将在一年内集中力量，进行这种方言的A.I.语言复制技术攻关，以通过人工智能技术实现其留存和保护。此外，这项计划将解锁一个方言发音人激励计划，扩充50万条此类方言的语音内容，方言语音识

别能力将通过讯飞输入法免费开放给用户。

第三节 池州方言保护的发展

　　池州社会、政治、经济不断向前发展，与此同时，池州方言也随之不断发生着变化。而今池州方言分为新派方言与旧派方言，新派方言主要是年轻人将池州方言和外来语融合之后所形成，这种方言从口音上也更加接近普通话。随着普通话不断地推广应用范围，当地的年轻人会说池州土语方言的人数越来越少，土语甚至出现了开始消亡的趋势。旧派方言是由当地祖祖辈辈传承下来的老的一套方言体系，但随着这一代老人的逐渐逝去，池州方言在传承中将出现断层。同时，随着时代不断向前发展，人们的思想观念也在不断更新，这也使方言开始出现消亡的迹象。伴随着移动互联网时代以及数字化时代的到来，社会发展在各个领域中都呈现出多元化的趋势。处于这样的历史背景中，池州方言的保护与传承工作也应当注入更多新鲜血液。池州方言可以借助新的技术与新的传播媒介，对池州方言进行可视化设计，将声音以及文字的信息转化为具有创意性的可视化图形，这也将更利于池州方言以及池州地方文化的创新与发展，对这一创新形式进行探索具有积极的实用价值与社会价值。

　　对于池州方言的介绍及其研究，孟庆惠所著的《安徽省志方言志》一书中，对池州、宣城、黄山、安庆等九种方言进行了字音的对照研究，并且对安徽当地的方言词汇表达方式与语法形式进行了详细的阐述。[①]1991年版的《贵池县志》中详细介绍了贵池地区及其周边郊区的方言情况。[②] 与此同时，也有一些学者从语言学角度来研究池州方言，如陈春雷先生的《池州方言词汇特点初探》。

　　通过以上内容，可知池州方言总体上属于江淮官话范畴，但在历史上池州交通不畅，很多隶属于池州的地方，由于交通不便利，百姓之间的往来贸易，甚至是通信都极为不便。但从另一个角度看，这就导致这里形成了丰富多彩的方言，徽语、赣语、吴语彼此之间相互融合影响，就形成了池州独具

---

① 孟庆惠.安徽省志·方言志[M].北京：方志出版社，1997：168.
② 贵池县地方志编纂委员会.贵池县志[M].合肥：黄山书社，1998：256.

特色的语言风格。虽然在池州范围内，池州方言多有不同，但在长时间的融合与影响下，各地的池州方言也存在着共通的、显著的特征。

一、语音的特色

在漫长的历史演变过程中，池州方言形成了大量具有自身特点的词汇，其中有一些保留下了中古音韵的发音特点，此外，还有一些普通话中所没有的古词语，如晏为晚、迟之意。这一特点让池州方言不但具有当地的人文特色与文化内涵，而且保留了诸多历史的印记。[①]

二、惯用表达的特色

池州方言喜欢通过添加"后缀"的方式来构词，这些"后缀"有补充说明的作用，如膝了波子——膝盖、叫子——口哨、皮子——皮棉、馃子——点心、背褡子——坎肩、纸壳子——纸板、手捏子——手帕、灶蚂子——蝉螂、金镏子——戒指、豆角子——豆角、香椿头——香椿、下巴壳子——下巴、大门楼子——大门、肚脐眼——肚脐等。

池州方言中另一种较为常见的形式是"复合词"，如黑板擦子——板擦子、眼睛皮——眼皮、今朝晚上——今晚、被乌里子——被里、耳刀屎——耳屎、洋铁皮子——铁皮、胸门口——胸口、耳刀坠子——耳坠等。

此外，池州方言还善用描述性的词语或是修饰性词语造词，单音节或是多音节的形容词数量较多，词语所表达出的词义形象而生动，有助于人们对词语的理解与认识，如急不佬——结巴，难为情——害羞，月亮长毛——月晕，落心落意——神情专注，夹不舌子——大舌头，天狗吃月——月蚀，打摆子——疟疾，拉里拉瓜——衣服容貌不整洁，一夜天光——整夜，尖头把细——自私，爱占小便宜，骨牌凳——方凳，月亮菜——扁豆，耳性——记性，大胡刷——粗心大意，猫软——很软等。

三、池州方言特色的提炼

方言是语言的一种变体，是本地区人们在生产与生活中根据需要创造出的，是当地民俗文化的组成部分，同时也是当地人身份认同与识别的一个最具特色的符号。从语言学方向研究池州方言，以池州本地特有的民俗文化研

---

① 郑张尚芳.皖南方言的分区[J].方言，1986（1）：8-18.

究为基础，根据池州方言的语音及语义的特点来进行提炼与分类，对池州方言本身特有的语音语调进行具体的研究与分析，为池州方言的可视化设计以及文创产品的设计开发提供有价值的素材。具体分类如下：

（一）名词类

后子——后天、们子——明天、跟子——今天、俺金水——眼睛水、嘎公嘎婆——外公外婆、各子——硬币、竹——粥、刺花——烟花、上昼——上午、舌挑——舌头、清早八早——清晨、老斯——老师、小俺——小孩等。

（二）动作词类

持鱼——杀鱼、吵嘴——吵架、逛趟子——散步、感话——讲话、假马——假装、款——碰、摸——慢、乌——灭、猴子——身体蜷曲、得亏——亏得、该应——应该等。

（三）形容词类

拐个各——拐角里、得味地——故意的、拉力拉瓜地——邋遢的、清丝丝滴——帅气的、胶严——很严实、猫软——很软、巧——便宜等。

（四）情态词类

感个奶奶——找个老婆、等一哈子——等一会、照迈——可以、莫繁桌——不用、哈扯——胡说、孬而吧轰——傻子、将前着——两个人长得很像、搞恼着——成为冤家不愉快、做某四——干什么、不好过——生病等。

第四章 池州方言可视化设计理论

第四章　池州方言可视化设计理论

方言是一个语言学概念，其作为一种文化艺术，蕴含着浓厚的民族特色，理应被妥善保护。信息可视化，就是把非数值型的信息内容进行可视化的处理，再加之交互技术的融入，最终达到将复杂的声音等信息转化成受众容易接受的、易于理解的形式效果。[1] 经过这种可视化处理的信息可以最大限度减少受众理解的时间成本。

第一节　可视化设计基本概述

通过图像呈现的方式进行信息的可视化，并不是近些年才出现的技术。[2] 从远古时代，人们就已经开始了信息可视化的尝试，到了16世纪，随着科技的发展以及测量技术与设备的出现和不断完善，人们可以获得数量更为庞大的数据信息。而后随着社会的不断发展和技术的进一步改进，信息的体量愈加巨大，面对如此大的信息量，如何将这些数据信息所传达的内容更好地进行呈现是一项最为重要的工作。

因此，从17世纪开始，人们发明了各种各样的图表和图形，并将其应用到测量、测绘、航空、制图、数据统计等方面。18世纪到20世纪，随着工艺设计的出现，可视化设计进入了快速发展的阶段，出现了可视化的工具，并在科研、商业、政府等多个领域普及，与此同时，大众也越来越多地开始应用，使得人们日常生活变得更加便捷。

如今，互联网技术、人工智能技术、5G技术等新兴技术不断发展，在先进技术的支撑下，产生了大量的数据和信息，如何更加高效且直观地呈现这些数据信息，是相关研究人员亟须解决的问题。在这样的背景下，对信息

---

[1] 孙倩.浅谈信息可视化在国内外数字图书馆资源揭示中的应用进展[J].图书馆界，2017（2）：53-57.

[2] 樱田润.信息图表设计入门[M].上海：上海人民美术出版社，2015：121.

可视化也提出了更高的要求。需要对海量的实时数据进行广泛且全面的收集，对信息的处理也要更准确，用更人性化的交互手段，高效地为受众提供信息。

一、信息可视化的发展历程

信息可视化具体的发展历程，如图 4-1 所示。

16世纪前 图表萌芽	人类有了精确的观测技术和设备，可用手工方式制作可视化作品。
17世纪 物理测量	物理测量设备和理论的完善，产生了基于真实测量数据的可视化方法。
18世纪 图形符号	统计图形学繁荣，产生了诸多新的图形及图表形式。
19世纪 数据图形	应用于政府规划与运营中，范围逐步扩大，进入统计图形学的黄金时期。
20世纪上半叶 现代启蒙	可视化统计图形走向主流，统计数据与数据的可视化融入社会生活。
20世纪下半叶 现代可视化	出现数据密集型计算，对数据分析的呈现以及可视化方法提出了更高的要求。

图 4-1 信息可视化的发展历程示意图

由图 4-1 可以看出，信息可视化的发展几乎以一百年为单位，有条不紊地进行技术以及可视化方法的革新，发展至今，信息可视化技术已经可以处理和分析大量的数据，并且呈现的方式也更加清晰和准确。

图形或是符号可以看成是文字语言的最初形式，人类对语言进行形象化设计的早期尝试是石刻和岩画。当时的人们将一些简单的动作或是神秘仪式刻画在其中，形成最初的一种记录方式，虽然这些内容并不是所谓的声音或是语言，其所传达的含义通常人们也很难理解，但这种方式却是那个年代最为有效的一种记录方式。例如，对于"人"的记录，可以直接通过刻画人形来进行描述，更为直观的感受是现在我们正在使用的许多汉字，仍旧保留着最古老的形象化的意象表达方式以及具象化的图形设计等。文字从图形演变为代表信息的符号，而如今的池州方言可视化设计是让文字回归到图像形式。我们可以很容易地看出，语言早已不再是单一的文字与声音的结合体，同时也是一种传达信息的形式。人类图形语言，可以上溯到原始人类具有象征意义的部落图腾，这种图腾通常记录着抽象的图案信息。而到18世纪之后，人类文明随着工业革命的到来而飞速向前发展，在文化、科技、经济等领域出现了不同形式的艺术，艺术的呈现方式也更加多元化，通过图形来传达信息内容开始被越来越多的人使用。

21世纪是互联网技术以及数字技术飞速发展的阶段，而信息的可视化已被广泛应用于各行各业之中，如网络通信、电影、动画、书刊插画、广告设计、产品设计、室内装修等领域。将信息进行可视化也成为十分有效的信息呈现方式。

（一）理想化实验：乌托邦式理想

17世纪，一种新的文字系统向我们展示出，图像可以描述出人类全部沟通交流中使用的信息内容。德国数学家莱布尼茨认为，出现的这一种文字可以冲破政治、地域、文化的限制，其价值与作用类似于数学或是音乐一类的符号，并且这一符号可以得到全世界大部分人的理解与认可。这种通用性语言的出现可以避免不同语言之间存在的沟通障碍。但这毕竟是一种"乌托邦式"的、理想化的设想，不可能真正实现，因此这一理想系统受到很多人的质疑，过于开放而宽泛的图形标记容易受到诸如地域和文化等因素的影响，致使其不能更加清晰地进行表达，人们对于这种图形的理解也会更加多元化。语言的主要作用是让人们可以更加有效且明确地进行沟通，而表意的信息传达方式只适用于艺术领域，在日常沟通中，则失去了其效率。虽然这种新的文字系统是一种理想化的尝试，但其对后来信息可视化的发展起到了一定的启蒙作用。

（二）图形整合：伊索体和布里斯符号

在我们的日常生活中，可以很方便地看到图形语言的存在形式，相比语言来说，图形可以更加直接地描绘一个事物，甚至是将一个事物直接呈现出来。即使在文字不互通时，单纯通过图片的形式，也可以进行有效的交流。瑞士的字体设计师阿德里安·弗鲁提格有一种观点：在人们现实的生产与生活中，记号可以分为两大类——文字记号与图形记号。文字记号中暗含着图形表达的印记，如中国的汉字经过数千年的演变，简化为现在所呈现的形式，但作为象形文字的中国汉字，就现在来看，其中仍有大量文字暗含着象形化的特征。而图形记号则是用图形的方式直接表达概念和动作，以及所描绘的事物等。

"图形"和"字母"的分类对现代我们研究图形演化来说非常实际并且实用。在一般情况下，图形与文字很容易进行区分。利奥纳德·诗兰认为，人们在阅读文字时，人的左半脑处于工作与兴奋状态；而当人们看电视或是看图像时，人的右半脑处于工作与兴奋的状态，而这时的左半脑处于何种状态。显而易见，这种简单的区分只是把图形与文字过度简单化，而没有考虑到人们不管是阅读还是在观看电视，都受到复杂而微妙的多种因素的影响。詹姆斯·埃尔金斯（James Elkins）对上文所提到的关于图形与文字的区别持否定态度，进而其论述了一种三元模型，并认为"文字""图形""符号"是三个可以相互交叉融合的概念，它们彼此之间都有相互交叉的内容。

早在19世纪开始阶段，在古代象形文字的启发下，奥托与玛丽·纽拉特研究出了一种"图形统计的维也纳方法"。从某种程度上这个方法可以无障碍地进行信息交流，并且具有很强的视觉感染力，同时人们也更容易理解对方所要表达的信息。例如，"男人"的记号进行呈现时，不是为了突出某个具体的形象和特征，而是将男人这一群进行整体呈现。为了体现新系统的国际含义，而后出版的《国际国式语言》中，称这种体系为"伊索体"。在日后的应用中，这种体系致力于推动国际视觉教育，特别是针对儿童和不发达国家。

语言除了用于沟通交流外，还含有一定程度的政治因素，"伊索体"也旨在消除这种国际交流的阻隔，以促进世界范围内各个不同文化背景下国家与国家之间的相互理解与交流，这种体系是图形这种可视化语言传递信息初级阶段最为有效的方式，同时这也是一次成功的实验。可以说，"伊索体"

是图形信息表达的初期最为有效的整合方式，在这一阶段，这种方式达到了明显的预期效果，这也更好地弥补了语言沟通的不足，其可以更好地促进语言的形象化。

查理·布里斯在维也纳学习时，一个偶然的机会，他受到汉字表意性的启发，开始着手研究汉字的构造，进而开始思考视觉语言。布里斯符号也称为"西曼特图案"，残障人士也可以方便地接受这种符号，也为聋哑者的沟通教育提供了诸多帮助。

布里斯符号的核心原理与"伊索体"极为相似，其可以使人与人之间更好地理解对方的表达意图，可以有效地打破不同语言之间存在的沟通障碍。布里斯符号是一种图形与符号相结合的语言，其由三千多个符号构成，并且每一个单一的符号都遵循着统一的规范，重新组合生成一种新的符号语言，其表达的语言可以进行重新排列，表达更多的语法内容。布里斯曾希望这种图形与符号结合的语言能够成为第二种语言，并且可以突破传统语言的界限。一些学者也将这一语言应用到针对有学习障碍的儿童的教育中。另外，这种语言在因旅游业而产生的多文化融合交流中发挥了很大的作用。

例如，布里斯符号主要由简单的图形构成，包括方形、三角形、圆形。除此之外，还有一些简单的心形、形似单个荔枝形状的图形、形似汉字"个"的图形等极为简单的具象化的图形。另外，还有一些类似数学中的乘号、减号、加号、大于号等的符号，有表示方向的箭头符号、标点符号、阿拉伯数字等。布里斯符号对于字间距也有着严格的把控。

与伊索体的区别是，诺拉没想让自己的符号作为文字的替代，而是让自己的符号与文字相辅相成，而很多学者将布里斯符号系统称之为"通用符号"，同时也强调了其作为一种语言的功能。

二、信息可视化特征

信息可视化设计主要有以下五个特征。

（一）易读性

所谓易读性，指的是将复杂的信息进行处理后，可以让受众很容易地理解与接受，以降低受众群体理解和读懂信息的时间成本和脑力成本。传递信息的目的就是要让对方在更短时间内理解信息发出一方要表达的内容。

（二）美观性

所谓的美观性，指的是可以满足可视化设计需求的最基本标准。信息进行传递的目的是要对方理解信息所传递的内容，但一个包含了审美因素的可视化信息，更容易吸引受众的注意力，并使其更有兴趣看下去。没有人能够抵御美的事物，人们也天生对美的事物有好感。

（三）实用性

实用性，指的是信息在经过可视化处理后，要能满足人们最基本的使用、沟通、表达、传递的目的。信息进行传递的目的就是要达到最基本的实用性目的。

（四）时效性

当今社会科技日新月异，信息传递的速度也在不断加快，信息不管是数量还是复杂程度，都在大幅提升。因此，信息一旦失去了时效性，更新或者发布得不及时，其实用价值也就无从谈起。

（五）交互性：

交互性使得受众可以参与信息的更新、反馈、分享，使信息可以在不断的互动中进行延展与丰富。

三、信息可视化设计的常用表达形式

信息可视化设计通常采用两种表达形式：图形语言与叙事架构。

（一）图形语言

图形语言是可视化设计中一种最为常见且有效的方法，其可以将繁杂的信息进行清晰化呈现，让受众更为直观地感受信息传达的信息量。与此同时，它也可以让简单的信息更易于传播。从大量研究中可以看出，图形语言通常有三类，具象图形、几何图形、图表图形。

1.具象图形

具象图形将现实生活中客观存在的事物进行艺术化的提炼和描绘，其通过对客观事物进行图形化的提取和概括，使之成为更为直观的图形符号。由于具象图形更加接近于真实的事物，因此人们通过具象的图形就可以直接理解可视化的图形所传达的信息以及表达的内涵。这种图形语言所带来的好处是，受众在解读一个图形时，大脑不会花费过多的脑力成本。

下面将试举池州方言可视化设计的作品，来进一步理解具象图形在池州方言保护方面的实际应用，如图4-2所示。

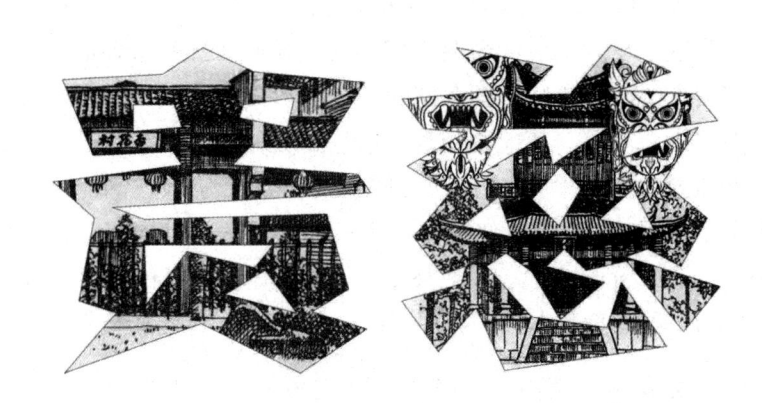

图4-2 具象图形案例——"贵慈"示意图

由图4-2可以看出，意为贵池的"贵慈"二字中，"贵"字的背景是具象的杏花村门牌楼图案，具象图案虽然以黑白为主色，但并不影响图形所传达出的信息，让人一眼就可以认出。借助笔画中具象化的景物，字体也显得立体而又内涵丰富。

同时，这也是一种很好地将池州当地文化与池州方言进行结合的一个范例，池州方言所形成的字体笔画中，可以采用当地文化、历史、地理、人文的元素。

2. 几何图形

几何图形在可视化中是最为常用的。在可视化中，几何图形可以有点、线、面等不同的形式，同时也可以有一维、二维、三维等不同维度的几何图形。不同的几何图形，由不同的视觉通道对应接收信息。人们通过眼睛获取外界的信息，先看到不同图像，而后将收集到的信息传输到大脑中进行处理和分析。与具象图形不同的是，几何图形呈现信息的方式更加灵活，所能传达的信息也更为宽泛。几何图形除了可以准确地传达信息外，还可以带给人更多的想象空间，因此也可以说几何图形比具象图形更有表现张力，传达的信息更加丰富。

3. 图表图形

用图表图形的方式，可以使复杂的信息变得更加直观，易于理解。图表可以更为直观地呈现信息的聚散程度，或是数据信息的趋势走向，让受众更容易了解信息的变化规律。图表图形常用的形式有柱状图、点状图、饼图等，柱状图可以让人更清楚地看到数据信息的变化趋势，点状图可以更清楚地呈现数据信息的聚散程度和分布，饼图能够呈现数据所占的比例关系。图表制作者可以根据信息所针对的对象以及想要侧重表现的内容，选择最适宜的图表类型，进行充分表达。每种图表可以根据使用的目的进行灵活选择，可以单独使用一种类型的图表，也可以综合使用几种类型的图表。

（二）叙事架构

信息可视化的叙事架构主要有关联性结构、时序性结构、推导性结构、空间关系性结构、系统组织性结构、综合性结构等。使用者可以根据信息可视化的目的、内容、主题等方面，对此六大叙事逻辑结构进行选择。

信息可视化最终需要针对用户来进行设计，为用户提供专业的服务，因此在进行设计时，要易懂、简洁、精炼，使信息的收集、分析、处理以及视觉呈现满足设计上的需求，同时也最大限度地满足用户的基本需求。

在进行信息可视化时，先要确定信息类型，再根据信息的特点选择合适的图形表达语言，明确所需的标记和视觉表达形式，选择合适的逻辑架构而后再对初步成形的可视化效果进行提升，在不断完善与迭代中，逐步将实用、有效的信息准确传递给用户，满足用户获取信息的需要。

同时，在图形选择上，还需要注意一点，即要把目标用户的年龄因素考虑在内，不同年龄段用户对图形的接受程度会有所不同。例如，年龄稍大一些的中老年用户群体，对于具象图形或是几何图形的接受度较高，这个群体的用户更容易理解更直观、更简洁的可视化形式。现在生活节奏不断加快，大众尤其是中青年上班族不可能把过多的时间放在某一件事情上，这类群体更乐于接受一眼便知其意的可视化内容。但对于有一些文化素养以及专业知识能力的人群，他们更偏爱图表图形这类相对专业的信息可视化内容，认为这种信息的表达方式可以更准确、更专业地传递他们所需的信息。

除此之外，用户群体的性别、职业分工、行业类别、所在地域等因素，以及目标用户的使用场景、应用时段、信息可视化的获取方式等因素，也是进行信息可视化表达方式选择时应当考虑的因素。

第二节　可视化设计的应用领域

信息的可视化设计，除了运用于科学研究领域外，在人们日常生活中也随处可见，如在商业领域，对商业数据和商业行为等诸多商业信息进行可视化处理；在传媒领域，新闻、报道、广告等方面信息经过可视化处理后，可以让受众更容易理解与接受；在人们日常的生活中，如说明书、标识、产品包装等方面的信息的可视化，可以使人们的生活更加便捷。而在方言保护方面，进行可视化设计可以让看不见、摸不到的方言转化为可视化的内容，以此更利于方言的传播、传承、使用等。

信息大致可以分为声音信息、文字信息、视频信息、图形或图像信息四个类别，而有些信息又可以是其中两个或是几个类别的综合形式。对于方言来说，同时可以以这四种类别进行传播。但方言主要以声音为传播形式，所以本书侧重研究对于声音的可视化设计，首先我们需要了解声音的可视化设计可以在哪些领域应用，下面主要从国外与国内两个方面来详细介绍声音可视化应用领域与相关研究。

一、国外可视化设计应用领域及研究现状

声音的视觉化属于物理领域，其最早是由欧洲人提出。18世纪德国物理学家克拉尼做了一个声音共振的实验。他在小提琴上安放了一块较宽的金属薄片，在薄板上铺满一层细沙，而后用一个琴弓去拉小提琴，金属板平面的不同位置上都会产生不同程度的振动，金属板上的细沙会随着振动，或聚或散，形成或简单或复杂的图形。克拉尼因此也成为第一个将声音信息转化为肉眼可见图案的人，这种声音视觉化的方式也成为如今交互类声音视觉化

模式的早期形式之一，从此之后，声音的视觉化也逐步开始发展。

（一）音乐视觉化

1. 音乐视觉化的理论

相关领域的科学家在很早的时候就开始了音乐的视觉化研究，因此，也有了很长时间的研究积淀。早期的音乐的视觉化主要是在艺术领域进行，如Kandinsky研究了音乐构成与颜色以及绘画造型之间的关系，为两种艺术之间的转换奠定了理论基础[①]，同时也为之后音乐与其他艺术形式或是其他学科之间的联系奠定了理论基础。Topper根据牛顿的色光理论，通过引入一个系数，计算出音调与光波的转换关系，从而在音乐与色彩之间建立起联系，音乐与色彩这两者之间可以任意地进行转换，声音与二维世界建立起更强的连接。[②] 随着声音特征提取技术以及声音可视化技术的不断发展，音乐可视化研究的侧重点逐渐趋于音乐与可视化效果之间的转换关系，以及相应的可视化实现技术的理论研究。

对于音乐可视化的研究，主要的研究重点是音乐作品所包含的声音信息、音乐作品的整体结构以及音乐作品所表达的情感内容如何转换成视觉效果。

德国音乐教育学家Stockhausen为了让音乐结构更具形象化，在电子音乐曲谱中加入了抽象的几何图形，所形成的音乐图谱比音乐曲谱更易识别与理解。[③] 音乐曲谱本身就是将音乐作品进行可视化的记录，而对音乐曲谱进行几何图形的转换，可以进一步使音乐的呈现方式更加丰富，可以表现更多信息，与此同时，还将音乐作品的结构信息整体表现出来，这不只是让演奏者对于音乐作品有更加深入的理解，演奏时对音乐作品的曲解情况也可以降到最低，对于音乐的创作者来说，也可以最大限度保留其创作意图。

Soriano等人提出，可以根据音乐作品的内容和属性等信息，将音乐转

---

① KANDINSKY V W. Point and line to plane[M]. New York: Dover Publications, 1979: 96.
② TOPPER. Newton and the number of colors in the spectrum[J]. Stud Hist Philos Sci, 1999, 21: 269-279.
③ STOCKHAUSEN K, CONEN H, HENNLICH J. Before and after samstag aus licht[J]. Contemporary Music Review, 1989, 5(1): 121.

换成抽象的图形，以方便互联网用户进行欣赏与理解。[1]但音乐本身没有具体的标准，也因为没有具体的解读规则，因此音乐可以包含极其丰富的信息内容。如此一来，在进行可视化的转换时，也就不能只是通过标准规范的图形来表现，抽象图形的表达也就顺理成章地出现了。由于图像的抽象性，欣赏者对抽象图形的解读也就不会只有一种情况，每个人都有自己的理解与欣赏角度，甚至同一个人也可以有多种不同的解读。针对音乐本身具有丰富内涵的特性，运用抽象图形对其进行可视化的转换，相对而言，具有最大限度地展现音乐作品原貌的可能性。

Hamasaki 等人提出将音乐作品的结构与内容转化为抽象的几何图形，呈现在网络互动界面上，以图形的形式加强界面的互动性，与此同时，增加音乐用户欣赏音乐时的乐趣。[2]如今，音乐的其中一个属性就是娱乐性和趣味性，而在交互的网络界面中加入图形的形式，可以在刺激用户听觉神经之外，刺激用户的视觉神经，使人体内产生更多的多巴胺，人的愉悦感也会更为强烈。

Taylor 等人提出音乐的情感表达可以与具体角色的表情进行一一对应。例如，欢快的音乐作品可以用兴奋的表情进行呈现，阴郁的音乐作品可以用悲伤的表情来呈现。在大量的音乐可视化研究中，可以看出音乐的视觉呈现主要侧重于音乐特征信息的分析与提取，以及音乐情感表达的数字化呈现。例如，Taylor 等人对电子音乐的振幅、音高等特征信息进行了分析提取。[3]还有的研究人员将描述音乐情感的形容词作为情感模型，并设计出可以检测音乐作品情感元素的计算机算法。[4]

---

[1] SORIANO A S, PAULOVICH F, NONATO L G, et al. Visualization of music collections based on structural content similarity[J]. IEEE, 2014: 25-32.

[2] HAMASAKI M, GOTO M, NAKANO T. Songrium: A music browsing assistance service with interactive visualization and exploration of protect a web of music[C]//International Conference on World Wide Web. New York: ACM, 2014: 103.

[3] TAYLOR R, BOULANGER P, TORRES D. Visualizing emotion in musical performance using a virtual character[C]//5th International Symposium on Smart Graphics. Berlin: Springer, 2005: 13-24.

[4] LI T, OGIHARA M. Detecting emotion in music[C]//Proceedings of the international symposium on music information retrieval. Washington D.C., USA, 2003: 239-240.

从更为微观的角度来看，一首音乐作品是由振幅、音调、音高、和弦、节奏等，以及演奏者演奏时的力度大小、情感投入程度、对音乐作品的个人理解等方面综合在一起，呈现出来的最终音乐效果，传达出情感，让欣赏者可以感受到创作者或演奏者想要表达的情感内容。因此，需要对这些构成音乐的元素进行拆解，再逐一实现可视化或是数字化的呈现。将音乐作品分析和拆解得越细致入微，可视化所得到的效果越趋于音乐作品的原貌。对于音乐情感元素的可视化呈现，是一项复杂的工作，需要前期收集大量音乐作品信息，进行人为标记，将音乐作品的风格划分出各种不同的情感状态：愉悦、悲伤、激烈、阴郁等。而后将音乐作品与各个情感类别进行逐一对应，不断收集大量音乐作品的资料数据。如今，大数据以及人工智能技术广泛应用，如此大量的工作内容都可以基于此完成，减少了大量的人力及时间成本。人工智能在数据收集的过程中，可以不断地进行自我学习，将音乐与情感间对应关系标记得更为精准。

2. 音乐可视化的应用

音乐可视化创作实践的相关作品种类较多，包括音乐动画、音乐教育、音乐表演等方面。

（1）音乐动画。在音乐动画方面，欧洲的抽象音乐动画将音乐的节奏与旋律用动画表现出来，如 Oskar Fischinger 的 *Blue Composition* 等作品。动画相较于图画或图形来说，可以表现更多动态的信息内容。此外，由于动画同样也是在时间上的图画的连贯呈现，因此其可以将音乐在时间上的流动性充分进行展现。同时，又由于动画画面的抽象性，这样就可以在时间轴流动性的基础上，进一步扩展视觉表达的范围，上文已经对抽象图形表达音乐丰富内涵的优势作了阐述，这里不再赘言。总之，不管通过何种方式，音乐可视化的最终目的就是通过现有的各种技术，将音乐所传达的信息与情感，尽可能地完整、全面且精细地表现出来。音乐可视化技术的发展，也是从这个角度切入，不断提高可视化的精度与准度。

（2）音乐教育。在音乐教育方面，Cristina Portalés 等人研究了爵士乐的声音与动作以及路径的可视化，对爵士乐的欣赏与学习有很大的助益。音乐、声音、动作，以及音乐表现时的路径等，这些都是一首音乐作品呈现出来时，演奏者所做的工作，或者说是正常的演奏流程。将这些组成部分同样进行可视化的呈现，可以让音乐作品的受众多角度、多感观、多层次地感受音乐呈现出的效果与表达的情感。

Aki Hayashi 等人将古典音乐用结构化抽象色块的形式进行可视化的表现。[1] 古典音乐作品中既包括整体性，也包括组成整体的各个乐章。用结构化抽象的色块既可以代表这些乐章，因为是结构化的色块，所以色块间也可以形成具有逻辑关系的整体。如果只是独立模块的简单排列，则相互之间只是分散的形式，没有任何关联。而当模块之间组成一定的关系结构，彼此之间也就有了更多的联系，它们就可以构成一个联系紧密的整体，与此同时，相对独立的各个部分也有各自的风格特点。

音乐本身即是依靠节奏与旋律来表达内容与情感，可视化不只是把握每个音乐的组成细节，同时更需要对音乐作品进行整体性呈现，音乐作品注重的是整体性的表达，而每个细节的表现是精益求精、锦上添花的基本内容。音乐或是声音并不是某一个时间点上的瞬间的艺术效果，它是流动的、连贯的艺术表达。此外，音乐也只有是流动的、连贯的，才可以充分地表达创作者所要表达的情感、思想等内容。节奏、旋律、律动等只是音乐表现的一种手法，这些也都是组成整个音乐作品的一部分。我们甚至可以将结构化抽象的色块看成是一个小的整体，其本身有着自己独立的逻辑性，而当把视角拉远后，可以看到这些小的色块彼此之间可以形成紧密的架构。

（3）音乐表演。在音乐表演领域，主要根据音乐，结合视觉表现，再加之审美思维的融入，使音乐表演呈现出综合性的表演视听感受。西德广播交响乐团在科隆爱乐音乐厅举行的音乐会中，曾上演过一次根据音乐"Symphony No.2 in C minor"进行的音乐视觉化演出[2]，如图4-3所示。

在图4-3中可以看到，在演出时，舞台上方颜色各异、形状有别的二维和三维图形会随着乐曲节奏和旋律的变化，呈现出相应的变化。听众先前主要通过听觉欣赏音乐作品，并可以看到演奏家演奏时的动作、神情等。而音乐视觉化演出，在此基础上，二维或三维的、颜色和形状根据音乐节奏与旋律不断变化的图形，给观众带来一种新的视觉上的冲击和刺激；由于图形具有抽象性与不确定性，可以传递给观众更加丰富的信息，恰好可以将音乐

---

[1] HAYASHI A, ITOH T, MATSUBARA M. Colorscore——Visualization and condensation of structure of classical music[M]//Marchese F T, Banissi E. Knowledge visualization currents. London：Springer, 2013：113-128.

[2] MARCHESE F T, BANISSI E. Knowledge visualization currents[M]. London：Springer, 2013：89.

信息与情感内涵更加准确而完整地传递给观众。在出现合适的符号和图形可以准确表现音乐作品的情感之前，具有抽象性与不确定性的图形可以说是最适合表现情感的图形。

图4-3　科隆爱乐音乐厅音乐视觉化演出图

（二）声音属性的视觉化

根据声音属性进行的视觉化表现研究，主要可以从两个方面来开展，一个是以共振原理为基础的客观视觉化表现，另一个是基于人的主观心理进行的主观视觉化表现。

1. 客观视觉化

客观视觉化的研究以共振原理为基础，克拉尼的声音共振实验引发了其他领域研究的兴趣，其中包括音流学（cymatics）。音流学是主要针对声音在具象化的过程中进行专业性的分析与研究的一门学科。20世纪70年代Hans Jenny提出了cymatics这一概念，他在克拉尼的声音实验的基础上，进行了大量的实验，获取了充足的实验数据，从对实验数据的分析中发现了声音频率越高，最终所形成的图案的复杂度就会越高。[1]

---

[1] JENNY H. Cymatics: The structure and dynamics of waves and vibrations[M]. San Francisco: Macromedia, 2007: 63.

目前，此类研究主要是在艺术创作和实际应用等领域。在德国柏林展上，德国 KYMAT 实验室创作了名为"Sonic Water"的互动装置，通过不同材料的使用，所发出声音的可视化图像也各不相同。伴随着现代电子信息技术的迅猛发展，根据这一原理，可以将声音视觉化。例如，英国声学工程师 John Stuart Reid 研究出了一台名为 Cymascope 的声音设备，可以将海豚的声呐定位记录下来，或是将物体发出的声音视觉化，通过图片的形式进行呈现。

2. 主观视觉化

从 20 世纪中后期开始，以人的主观心理出发，进行了声音要素与视觉表现之间的转换的研究。后来，随着人机交互和计算机图形学等相关领域研究的发展，声音的视觉化实现了与用户的实时交互。自此，人们对于以人自身对声音的主观感受与平面视觉要素之间的相互关联性的研究逐渐增多。用户对视觉化的声音即时的表现，可以直接反馈给系统，而系统对于用户的实时操作也会在第一时间作出反应。Robert Walker 通过视觉隐喻实验，提出了声音的四个参数与四个视觉要素一一对应的关系，即频率对应竖直方向的位置，波形对应图形，幅度对应面积大小，持续时间对应长度。[①] 频率的大小可以通过位置的高低来表示；波形本身就可以通过二维的图形进行表现，两者具有很强的相似性；而声音幅度的大小可以通过面积的大小来进行表达，声音的幅度大时，相应图形的面积就会大，反之，图形的面积就会小；而长度可以更好地呈现声音持续时间的长短，平时常见的时间轴就是以长度来表示时间的例子。

Scott D. Lipscomb 与 Eugene M. Kim 又通过实验，进一步论证了 Robert Walkerr 得出的结论，同时两人也发现，某些声音的参数所对应的视觉要素也并不是固定不变的。[②] 由此，我们也可以进一步进行设想，声音的所有要

---

① WALKER R. The effects of culture, environment, age, and musical training on choices of visual metaphors for sound[J]. Perception & Psychophysics, 1987, 42(5): 491-502.

② LIPSCOMB S D. Perceived match between visual parameters and auditory correlations: an experimental multimedia investigation[C]//International conference on music perception & cognition. Seattle, United States: Frontiers Events, 2004: 86.

素与视觉要素的对应关系也并不是不变的，都可以根据实际需要，进行相应的调整和完善，以达到应用者的可视化需求。例如，声音频率的大小也可以通过图形面积大小来反映，而相应的声音幅度也可以通过位置高低来表示，抑或是声音持续时间的长短也可以通过图形面积大小来表示。

就目前来看，人们对声音与视觉要素之间的关系研究，在前人研究成果的基础上提出了更多视听转换的可能性。例如，Giannakis 与 Smith 研究了声音的响度和音调，与颜色的饱和度、色相、亮度等之间的关系，发现了声音的音调与颜色饱和度呈现出了正相关的关系，而声音的响度与颜色高度或是饱和度之间存在着关联性。[①] Ana Rodrigues 等人通过实证的方法，提出了声音能量的大小与光源强度以及数量呈现正相关的关系。[②]

因此，不管是声音与颜色的关系，还是声音与光线的关系，其中的相似点是彼此两者中每个要素都有程度大小和高低之分，而这种程度的高低大小的变化，将两者联系在一起，再通过现代技术的加持，可以将这些要素进行提炼、转化、呈现。

根据声音属性的视觉化的实践应用主要用在声音处理、艺术创作、辅助医疗等方面。在声音处理方面，国外相关人员研发了多款可以对声音要素进行实时编辑处理的软件。例如，美国 Syntrillium 软件公司设计研发的声音软件 Cool Edit Pro，有人将这一软件形容为音频的"绘画"程序，它可以在普通的声卡上同时处理多达 64 轨的音频信号，具有极其丰富的音频处理效果，并能进行实时预览以及多轨音频的混缩合成，它可以帮助个人音乐工作室进行大部分的音乐及声音的处理。数字化和声音采集技术的不断升级优化，使得声音信息可以得到最完整的收录，并可以对其进行实时的编辑与处理。

在艺术创作方面，声音视觉化有大量的作品产生，如 Ingrid 在艺术展览中的声音视觉化作品 *Domino effect*，观众在欣赏作品的同时，还可以与作品进行实时的互动，作品根据观众的表现，产生丰富的视觉表现效果。正如

---

① GIANNAKIS K, SMITH M. Imaging soundscapes: Identifying cognitive associations between audatory andvVisual dimensions[J]. Musical Imagery, 2001: 161-179.

② RODRIGUES A, MACHADO P, MARTINS P, et al. Sound Visualization Through a Swarm of Fireflies[C]//Portuguese Conference on Artificial Intelligence, EPIA 2015: Progress in Artificial Intelligence.Berlin: Springer International Publishing, 2015: 664-670.

人与人之间的沟通一样，一个人动作或是情绪变化，会实时地对这一变化进行回馈，同时这个人也接收到这种反馈，这种互动会带给人独特的感受。有时，观众的兴趣点并不仅仅是欣赏一件优秀作品，他们通常会对自己可以参与到作品之中有更大的兴趣，似乎因为自己参与其中，而使自己也成为这件作品的一个创作者一样。事实上，有的作品在创作之初，其主要的创作理念就是使未来欣赏这件作品的人能参与进来，并且将观众的参与度当作创作作品时要考虑的一个重要内容。

在辅助医疗方面，Marco Fabiani 等人研究在发音治疗中交互类声音视觉化的实现和控制技术的设计。[1] Grierson 设计了针对聋人群体在观看视听表演中应用的声音视觉化系统。[2] 在医疗方面，声音属性的视觉化最应该得到广泛的应用，这涉及特殊群体的生活质量水平的提升，可以切实解决这一群体现实生活中的问题。通过视觉化的呈现，聋人群体也可以通过另一种方式来欣赏音乐，用另一种方式感受声音。聋人甚至可以通过人声的视觉化，与正常人进行沟通，获得和正常人一样的沟通体验。在方言保护方面，通过方言可视化的方式，可以加深聋人群体对方言的认识与理解。如此，方言在这一群体中也可以进行传播，方言的使用范围增大，可以很好地保护方言。方言的保护与传承，一个很重要的关键点就是，使用的人数多了，本身就是一种对它的保护。相反地，方言一旦使用的人数少了，或是没有人再使用时，只是存在记录或是文献中，就谈不上任何保护了。

（三）语音的视觉化

语音的视觉化的具体应用主要是语音与文字的实时识别，其实现需要借助人工智能技术。例如 Maas 等人提出，用于语音识别技术的声学模型的建立，是基于深层神经网络技术的支持的。[3]

---

[1] FABIANI M, FRIBERG A, BRESIN R. Systems for interactive control of computer generated music performance[M]//KIRKE A, MIRANDA E R. Guide to Computing for Expressive Music Performance. London: Springer, 2012: 49-73.

[2] GRIERSON M S. Making music with images: Interactive audiovisual performance systems for the deaf[J]. International Journal on Disability & Human Development, 2011, 10(1): 37-41.

[3] MAAS A L, QI P, XIE Z, et al. Building DNN acoustic models for large vocabulary speech recognition[J]. Computer Speech & Language, 2017, 41: 195-213.

国外最早开始在具有交互体验的声音视觉化呈现进行研究，并且国外在这方面的理论研究以及具体的实践创新上都有不少研究成果。到目前为止，声音视觉化的研究成果主要侧重两个领域，一个是音乐的视觉化，另一个是声音属性的视觉化。不同的研究方向以及不同的应用场景，视觉要素与声音要素会存在多种不同的相互对应的关系。一方面，要考虑声音的类型、特性、声源等因素，另一方面，要考虑声音视觉化所针对的用户群体和进行传播的目的等因素，而后再综合考虑各方因素，建立两者之间的关系。

二、国内可视化设计应用领域及研究现状

我国关于声音与视觉图像间关系的记载，最早可以追溯到战国时期伯牙与子期之间"知音"的故事，两位先人根据所弹琴声联想到了高山流水的自然景象。当然这也是音乐所能带给人的联想体验，真正意义上的声音可视化研究以及与此相对应的可视化呈现技术的研究，都是到了现代才开始的，是以国外相关研究为基础，所进行的进一步的研究与探索。

（一）音乐视觉化

1.音乐视觉化理论

在理论研究方面，音乐视觉化研究主要侧重于研究音乐与视觉呈现之间的关系，以及相关视觉呈现技术。而音乐与视觉呈现间关系的研究，又侧重于构成音乐的要素、视听转换模式、音乐所传达的情感等方面的研究。音乐教育学家周海宏教授通过心理学实验，论证了音乐中诸如音高、音强、紧张度、时间等要素与视觉元素的关联性。[①] 图形由各种元素构成，如色彩、明暗、图形等，进而形成不同视觉效果。听觉与视觉所接收的信息都有传递内容、情感、思想等的功能，因此声音元素与视觉呈现出的元素都存在着一些共通的信息呈现的逻辑，而这一整体逻辑就是两者产生关联的关键。

姚以让在《声与色的交响》一书中通过音乐与绘画两种艺术形式，阐述了视听艺术之间存在的微妙的关系。[②] 音乐与绘画本身就存在着诸多共通之处，两者都是以各自的艺术形式来表达一种情感，传达一种信息，抒发一种

---

① 周海宏.音乐与其表现的世界[M].北京：中央音乐学院出版社，2004：58-99.
② 姚以让.声与色的交响[M].北京：中央音乐学院出版社，2006：22.

情绪。一个通过声音，一个通过图画，带给人的都是一种感观上的刺激，这个刺激引发了人的无限联想，让人或喜或悲，或惊或叹，最终都可带给人丰富的感受。

耿凌艳阐述了音乐情绪与色彩之间的关系，其将 Thayer 音乐情感模型与色相环的四个象限对应起来，建立了色彩与音乐间的情感对应关系。[①] 人们在看到一种色彩或是听到一段音乐后，都产生或喜或悲的情感。就色彩来说，每种色彩都有其独特的性格，称之为色性，色性指某一单独颜色的性质，其与人们的生理和心理体验相关联，从而让客观存在的色彩有了类似于人类的复杂性格。色彩可以带给人冷暖、轻重、软硬、前后、大小的感知，而音乐也可以带给人感官刺激，进而使人们产生不同情感。如此一来，音乐与色彩间借助于感官刺激和情感反应，顺其自然地产生了联结。

在音乐视觉化呈现技术方面主要侧重于音乐视觉化的具体应用领域的呈现技术的研究。蔡明琬提出了基于音乐情感的缩略图形的生成技术，通过对音乐情感组成进行分析，进而生成参数化的视觉化图标，可以提升用户的使用体验与认知。[②] 将特定的音乐情感提前进行参数化的设置，每种音乐情感都有其对应的参数标准，一首音乐作品在呈现时，参数的变化会随着音乐节奏和韵律的变化而实时产生相应变化。用户在欣赏音乐作品的同时，也会受到视觉化图标的视觉冲击，对音乐的认知与理解会更加深入，相比较而言也更全面。

屈天喜根据音乐的五度循环理论创建了螺旋模型，提出了一种可以实时分析音乐情感的调性的算法，甚至将音乐的情感用带有表情的人物形象来表示，相互之间进行转换。[③] 利用带有表情的人物形象来呈现音乐情感，属于一种更为具象的方式，这种转换方式直接将具象的人物表情呈现在用户面前，更易于用户理解，也更加深了用户对音乐作品的理解。

孔娟提出了根据多音频特征进行提取的音乐视觉化方法。[④] 对音乐各个要素进行提取，根据同一特征来进行音乐关键元素的提取，对应某一特征，可以用同一类的视觉化方法进行转化。

[①] 耿凌艳.音乐视觉化设计中的映射探究——以 Thayer 情绪模式与伊顿色彩理论的对应关系为例[J].装饰，2017（7）：103-105.
[②] 蔡明琬.增强认知效率的音乐情感缩略图研究[D].杭州：浙江大学，2013.
[③] 屈天喜.基于情感识别的实时交互式音乐可视化研究[D].长沙：中南大学，2008.
[④] 孔娟.基于多音频特征提取的音乐可视化方法研究[J].黄河之声，2016（16）：92.

2. 音乐视觉化应用

音乐视觉化在艺术领域应用较为广泛，音乐的旋律、节奏等的变化，会呈现出不同的视觉效果，在具体实践中，又以音乐表演现场的使用最为频繁。例如，我国著名音乐家谭盾先生，在音乐演奏会现场充分应用了音乐视觉化形式。他在其作品《地图》的演奏过程中，加入了音乐作品所涉及的少数民族原始的影像内容，因此观众对于音乐内容的理解也更加深入，同时现场也会带来更加震撼的视听效果。[①] 影像的加入，让观众更容易进入音乐营造的氛围中，更强的带入感使得观众对于音乐作品的理解更加深入，对作品本身情感的表达有更多层次的认识。此时的音乐作品已经涵盖了视觉表达部分，并将其纳入作品本身，形成一个不可分割的整体。

整个音乐作品的演出中，原生态的民间音乐的声像纪录片作为音乐作品中的一个独立声部，被放置于舞台中心。舞台中央布置了一个投放影片的大屏幕，另外在两侧分别设置一个小屏幕。演出过程中，影像中原声再现的本土音乐与现场的交响乐融为一体。影像中用石头敲打、摩擦等发出的各种声响，大提琴与土家族姑娘进行的对唱，都让整部作品别具一格、独具匠心。不只是听觉效果与视觉效果融为一体，现场演奏与影像中的演奏也同样交织在一起，让现代与古代之间的界限变得模糊，让观众犹如在时空中不断穿梭。这部作品在创作伊始，谭盾两次深入湘西侗族、苗族、土家族，采集具有当地特色的原始声像素材，进而创作出这部音乐作品。由此，观众也切身感受到了来自少数民族的气息、文化精粹、音乐力量。

在开展方言保护工作时，同样可以借鉴这种现场效果与影像效果结合的方式。例如，在话剧、音乐剧、歌剧、舞蹈等艺术形式的基础上，配以池州方言或池州傩戏的影像效果，将时间与空间相融合，阳春白雪与下里巴人相融合。观众可以借由熟悉的艺术形式的引领，接触相对陌生的方言艺术与文化，并可能因此产生兴趣，进而选择进一步了解池州方言的前世今生，源与流，去了解池州的地域特色、民风民情、生活习惯等一系列与池州方言相关联的信息。

赵沁旸运用动作跟踪技术根据古筝演奏者的手部动作产生音乐的实时视

---

① 鲁瑞红.解读谭盾音乐作品的文化内涵[D].新乡：河南师范大学，2011.

觉化的抽象表现，可运用于演奏现场。[①] 通常在音乐演奏现场，由于观众离演奏家距离较远，虽然所演奏的音乐可以通过音响进行放大处理，演奏家演奏时的神态动作也可以通过大屏幕进行放大呈现，但观众所接收到的音乐信息仍是有限的。而运用动作跟踪技术将古筝演奏家演奏的音乐进行实时的视觉化抽象表现，可以为观众提供一个多维的视角，一个全新的音乐解析的维度，从抽象的视觉化角度帮助观众理解音乐的多重内涵与精神。相对于静态的图画，人们更乐于接受动态的画面所传递的信息，加之这样的动态画面能引发人们的无限遐想，并且与实时演奏的音乐相得益彰，因此，在人们的脑海中也容易产生深刻且持久的印象。

赵沁旸这种创新性音乐视觉化手法还可以用于帮助聋人群体，这一类群体原本不能随心所欲地欣赏音乐作品，日常的口语交流更是困难重重。而这种音乐的视觉化手法可以很好地解决这一痛点，将音乐的魅力通过视觉化的方式传达给聋人观众，这类观众可以在有节奏的、不断变化的、抽象的视觉化效果呈现中，感知一部音乐作品所传递的情感。虽然无法让他们从音乐本身的声音中体味音乐的内容与情感，但视觉化表现技术同样可以将音乐作品的精髓呈现出来。对于同一个信息，运用多感官接收刺激来分析与解读，固然可以提高感知信息的丰富度以及多层次性，但有时，运用单一感官来接受与理解信息传达的内容，也会有意想不到的效果：其中一点是可以增加信息解读者的想象空间，为信息赋予更丰富的内涵与个人理解，信息接收主体也会试图调动各种神经对信息加以解读分析。

这给聋人群体带来的益处是，他们又多了一种方式来了解声音世界或是音乐世界所带来的精彩。另外更重要的一点是，这也为方言的传播、推广、保护提供了一个崭新的思路，同时，也拓宽了方言保护与传承的群体基础。拿池州方言为例，原本没有可能接触池州方言的聋人群体，自此之后，也可以参与到池州方言保护的事业中，对池州方言更多地接触、认知、理解、使用等，这就是对其最好的保护。

当然，对于社会大众来说，池州方言中一些难以理解的对话、日常用语、习语等，也可以通过赵沁旸的这种音乐视觉化的方法，进行解读性的呈现。一种更容易理解、人们一眼就能看懂的语言，会激励人们继续去了解，

[①] 赵沁旸.交互式电子音乐《無·筝》作品设计与创作解析[D].上海：上海师范大学，2017.

人们也更容易有成就感并乐于更多地去体验方言所带来的乐趣。兴趣是最好的老师，乐趣同样也是人们最好的引路人。

除此之外，音乐视觉化应用实践还在许多个人创作的音乐视觉化作品中得以体现，如甄晓通用抽象的点、线、面形式创作了传统类型音乐曲目的视频动画[1]。音乐视觉化的作品中，创作者通过点的聚散、线条的曲直变换、面的不规则的波动屈伸等，将音乐作品中的无限变化与可能性尽可能地呈现在二维空间中。

（二）声音属性的视觉化

1. 声音属性视觉化的理论

当前在国内，根据不同领域中视觉化需求，这一方向的理论研究侧重于视听要素置换和呈现技术研发等多方向、多层次交叉融合研究的样态。例如，余陈美等人针对弱听障用户，利用色彩、大小不同的气泡图形等实时动态表现音乐的节奏、音量、音调。[2] 通过视觉化呈现的效果，补充弱听障用户因丧失的部分听觉能力所未能获取的信息，通过听觉与视觉相结合的方式，让这部分用户尽可能接收更为全面的信息。刘丰等人将鸟类声音通过实时声音的音调分类，用圆点的疏密排列的具体视觉化实现的方法呈现给用户。[3]

黄莺、李健提出了在声乐教学中，利用交互类声音视觉化的创新应用方法。[4] 尤其对于初次接触声乐的学生来说，这一方法不但可以提高学生对于声乐中所涉及的抽象乐理知识的理解程度，同时也可以增强教学中的趣味性。学生对于新奇事物总是充满着好奇心，而学生的这一心理一旦被调动起来，则很有可能由被动学习转变为主动学习。不只是声乐教学，乐器演奏、戏剧表演、朗诵，甚至是外语学习等方面的教学也同样可以通过这种方式来

---

[1] 甄晓通. 中国传统音乐的动态视觉化表达研究[D]. 北京：中央美术学院，2016.

[2] 余陈美，李雨薇，杨震，等. 基于弱听障用户的声音可视化互动研究与设计——See Your Voice[J]. 工业设计研究，2018（1）：221-226.

[3] 刘丰，赵琉涛，廖晨宇，等. 基于 t-SNE 声音情报识别的可视化系统在 E-learning 平台应用——以鸟类音频情报识别为例[J]. 企业技术开发，2017，36（4）：9-12.

[4] 黄莺，杨健. 看得见的好声音——计算机可视化辅助声乐教学之案例分析[J]. 南京艺术学院学报（音乐与表演版），2012（4）：129-134，162.

开展教学活动。凡是与语言或声音相关的专业领域，都可尝试利用声音视觉化来提升教学质量。

2.声音属性视觉化的应用

声音属性视觉化在声音处理与艺术创作两个领域应用最为广泛。其中，在声音处理方面，国内已经研发出了多款声音处理软件。例如，由梦幻科技公司研发出的声音处理软件"混录天王"，可以根据声音的属性，产生实时的波线视觉化图形，用作声音的处理与编辑。声音的加工与编辑在视觉化的界面中进行，让使用者更容易进行操作，找准操作位点，可以帮助使用者，尤其是这方面的非专业人员，更好地把控音高、音调、音色等声音要素的变化。

在艺术创作方面，现在已有较多的实践作品。艺术家栾佳齐将声波共振原理应用到液态金属装置作品中，作品可与观看者产生积极实时的互动。

苏勋等人将声音的不同音调转换为点、线、面的抽象图形，做到人声图像的实时交互。[①]

（三）**语音的视觉化**

国内语音的视觉化研究的侧重点与国外的语音视觉化的相关研究相类似，更多的是在计算机技术领域对语音的识别进行研究，做到语音与文字之间的实时转换。例如，杨伟在这一方面提出了 Andriod 记事本系统，这一技术实现了对于语音的识别，可以将语音实时地转换成文字的形式。[②] 在具体的实践层面，国内的相关研究人员研发出多种应用类的语音识别软件，用于语音与文字间的转换。

由上述内容可知，不管是国内还是国外，从相关的多项研究成果中可以看出，声音的视觉化呈现研究主要围绕声音来展开，根据声音元素的不同以及不同的应用场景和需求，来使用不同的视听转换技术。

---

① 苏勋，李志光，罗彬.声音与图像的交互设计——声音涂鸦[J].大众文艺，2014（18）：92.

② 杨伟.支持语音识别功能的 Andriod 记事本软件设计与实现[D].长春：吉林大学，2016.

第三节　可视化设计的展望

前文已经对国内外可视化设计的应用领域与研究情况进行了详细的论述，随着社会的发展和科学技术的不断迭代更新，可视化设计也面临着诸多机遇与挑战。用户对可视化产品的需求不断提升，并且需求的方向更加趋于多元化。未来，可视化设计会融入更多的技术、平台、内容、形式，并且各种元素之间可以进行广泛的融合，所包含的元素会逐渐丰富，涉及的范围也愈加广泛。

一、通过新技术"看见"更多可能性

社会与时代发展愈加迅猛，新技术不断涌现，人工智能、虚拟现实、增强现实、扩展现实、云计算、区块链、元宇宙等新技术问世后，都会应用于声音可视化设计中，不断提高可视化的分辨率，让可视化效果逐渐趋于真实，更加逼真。可视化呈现的方式从二维向三维空间逐步转变，如3D眼镜的出现，让人们更方便地感受到三维立体效果带来的视觉冲击，未来在人工智能、虚拟现实、增强现实等各项技术以及诸多平台进行充分融合的基础上，元宇宙可能会将可视化呈现技术发展到一个崭新的高度。

元宇宙是利用科技手段将各个相关要素进行链接或重新创造，与现实世界形成映射与交互的关系的虚拟世界，它是一个新型的社会体系，同时也是一个数字化的生活空间。元宇宙本质上是在一个更大的空间中对现实世界进行数字化与虚拟化的过程，它利用扩展现实技术可以为用户提供沉浸式的体验，利用数字孪生技术可以生成现实世界的镜像，利用区块链技术构建虚拟社会的经济体系。它通过各项前沿技术的应用，将现实世界与虚拟世界在社交系统、身份系统、经济系统上紧密地融合起来，在其中的每个参与者都可以进行内容的生产与编辑，每个人都有多重身份，既是参与者、用户，同时也是虚拟世界的构建者。

二、视觉传达设计侧重交互与审美

如今，根据用户的使用需求，视觉传达设计不再局限于简单二维画面的呈现，而是更多地偏重于用户的交互体验与感受，以及视觉呈现效果的审美

性。用户更加注重在欣赏视觉传达作品时，可以得到即时的反馈，用户更享受互动交流的过程。

人们都无法抵抗美的事物的诱惑力，因此在视觉传达设计中，除了实现其基本的功能外，还应具有一定的美感，这有利于提高视觉设计对用户的吸引力。

三、多学科交叉成为趋势

信息的可视化设计从诞生之日起，就不只涉及单一学科，而需要多个学科相互交叉结合，共同来实现信息的视觉呈现。例如，信息的可视化设计与数学、统计学、视觉形象设计、设计学、艺术设计、计算机科学、心理学、社会学等诸多学科有着密切的关联。

信息的可视化最终需要解决的问题是将声音、数字、信息等非可视化的信息转换为可视的信息内容。这里首先要对非可视化的信息进行分析和处理，需要数学、统计学、计算机科学等学科参与。随后在进行可视化转化的过程中，会涉及计算机科学、视觉形象设计、设计学等学科。最后，如何才能让可视化呈现出最佳的效果，便于用户更容易地接受且乐于接受，这里涉及对单一用户的心理分析的心理学，以及对整个用户群体行为分析的社会学等学科。归根结底，信息的可视化主要服务的对象是用户，要以用户最习惯的方式，进行最恰如其分的可视化设计，需要诸多学科交叉融合起来。

四、多样化的用户界面

在信息大爆炸的时代，人们每天都在接触大量的信息，信息的过度刺激使人们很容易产生厌烦感。因此，更加多样化的用户界面，才有可能让用户有更多兴趣继续欣赏作品。

首先，在进行用户界面多样化设计前，还应当将用户的心理考虑在内，考虑用户的需求和兴趣点。可视化效果设计出来就是要服务于用户，因此考虑用户的喜好与需求是最基本的要求。

其次，多样化的用户界面，可以将三维空间设计融入进来，从二维到三维的升级，不只是平面到立体的转换，亦真亦假的三维空间感会给用户带来视觉上的冲击。在习惯了二维平面呈现效果的可视化界面后，立体画面的出现，立刻会给人以异常新鲜的刺激。

最后，在信息的高度同质化的背景下，用户更趋向于追求个性化的体验，不同年龄段的用户群体、不同地域的用户、不同知识水平的人群、不同职业类型的人群，对于可视化产品的喜好与需求都不尽相同。例如，通常来说，男性喜欢商务、运动，女性喜欢时尚、浪漫，追求强烈刺激的浏览体验。儿童喜欢卡通形象和鲜艳的色彩，老人喜欢传统沉稳的风格，喜欢大红大紫或是纯色系的颜色。

当然，需要补充的是，用户界面的多样化所指的，并不是无限制的绚丽多彩，而是在多样化的同时，保持界面的简洁、高效、实用，华而不实以及哗众取宠并不能长久地把用户留住。

第五章　池州方言可视化设计方案研究

池州方言可视化设计方案在制定前，需要清楚池州方言可视化设计的理念、目标、侧重点以及方案的制定四部分内容。在设计理念的指导下，确定设计目标，找到可视化设计的侧重点，最后系统地制定出整体方案。

第一节 池州方言可视化设计理念

在进行池州方言可视化设计前，首先要明确设计的理念，需要遵循哪些原则，在理念或是原则的指导下，才可以将涉及范围广泛、可发挥空间无限的可视化设计元素整合为一个系统、全面、统一、协调的整体，让最终形成的可视化作品简洁、清晰，富有共情力和内涵。池州方言可视化设计理念总体上可分为八个理念。

一、追求极致审美

人们获取信息最主要的方式是通过视觉。有研究显示，人脑通过视觉获取的信息占信息总获取量50%以上。人对于美的感知没有绝对统一的标准，但也有一些规律可以遵循。在审美原则的引领下，可以分别从构图、布局、色彩三个方面来探寻其可把控的规律。

（一）稳定的构图

可视化设计的构图与用户心理有着一定的关系，虽然人们大多乐于接受可变的、新鲜的视觉刺激，但人们在欣赏一个可视化作品前，也会有一个欣赏预期，即存在一种想要看到自己所熟知的事物的心理。这种心理可以让用户在欣赏过程中获得安全感或是安定感受，进而提高用户对视觉作品的接受度。

这种安定感也与舒适感有关，人拥有一种普遍的心理——求同存异，对于自己不熟知的事物，会自然地产生排斥心理，尤其在刚接触的时候，表现最为强烈。这也就要求在进行可视化设计时，设计者要对呈现在屏幕上的画面的平衡感有一个严格的把控。设计者在组织画面和安排画面结构时，不但要考虑每个设计元素自身的平衡性，同时还要考虑各个元素间的平衡与协调，以使画面整体平衡与和谐。我们可以将每个元素看成一块磁铁，磁铁之间存在着某一个角度，可以让彼此产生吸引的作用力；同时也存在另一个角度，可以使彼此产生相互排斥的作用力。设计者所需要做的是找到一个适宜的角度，让每个元素可以稳定地处于图画中合适的位置。

更为具体地说，构图的平衡感、画面的构图、色彩的平衡感、视点的选择，都可以影响整个可视化画面的稳定感。从画面的整体来看，不管是构图、图形的形状，还是色彩的运用与搭配，都要追求整体的效果。例如，色彩的使用中，整体以暖色调为底色，就尽量少用冷色调做搭配，避免让人产生不和谐的感觉；抑或是在图形的使用上，整体上都是以圆角图形进行搭配，尽可能避免大面积使用直角图形或锐角图形。

（二）合理的信息布局

关于信息的合理化布局，涉及一个重要的概念——格式塔原则。人们在审美时通常对整体与和谐统一具有一种基本的诉求。也就是说，视觉形象首先作为一个统一的整体被认知，而后人们才会对其中的更为具体的细节部分加以关注。简单来说，在审美时，先看到一个构图的整体，而后才会看到组成构图整体的各个部分。下面通过图5-1，来进一步了解格式塔原则的含义。

图5-1 格式塔在现实中的应用示意图

图 5-1 是联合利华公司的标志，首先可以看到的是一个大写的英文字母"U"，其作为"Unilever"的简写，代表公司的名称。而大写的"U"由 25 种图案构成，分别代表着一种产品品牌。这也正是格式塔原则中提到的，我们先会看到一个整体，而后再注意到更为具体的一些细节。而这些细节与整体的构图又存在着密切的关系。

可以通过下面这一张图来加深对格式塔原则的理解，如图 5-2 所示。

图 5-2　池州方言"切飯"可视化设计中格式塔的应用示意图

由图 5-2 中可以看出，平面中的主体是由池州方言词语——"切飯"两个字形所构成的图形，"切飯"意为吃饭。为了更多地反映背景的景物，两个字体的笔画设计较粗。细看笔画内部，可以看到具有池州地方特色的古代建筑，并且由于建筑呈现出一定的立体感，字体也具有一定的立体效果。

格式塔原则很好地解释了人们的解读平面信息的规律，同时也解释了人们解读其他信息的一般规律：人们都会倾向于先理解较为简单的内容，当还有复杂的、更为繁多的信息时，人们如果有更多的精力，则会继续选择理解。总体上人们在接收一个信息时，大多会先易后难。设计者可以利用观者的这一心理，在进行可视化的设计时，考虑观者的信息接收顺序，将人们所熟悉的内容放置于可视化效果的第一层理解范围内，首先不要给观者过大的欣赏负担。待观者理解了第一层的内容，产生一定的兴趣后，再将更为详细的信息内容放到可视化效果的第二层理解氛围内。

如此一来，作品设计安排有了先后顺序、难易的划分、层次的区分，使得作品主次分明，不管从哪个角度解读都有不一样的收获。同时，同一件作品往往很难很好地兼顾不同的观看者群体，采用这种方法可以有效解决这个问题。当然，一件可视化的设计作品不可能让所有人都喜欢，也不可能让每个人都理解，因为人们的认知水平和经验能力都不尽相同。

这时，可以通过格式塔原则将可视化作品的关键信息划分为两层，对于较浅且较表面的信息，自然要设计得通俗易懂，便于认知水平较浅、更广泛的大众所接受。而在较深且更为细节的部分，设计者可以加入一些内容丰富、信息量较大的内容，提升可视化作品的深度。

再来看一个池州方言在可视化作品中的应用，如图 5-3 所示。

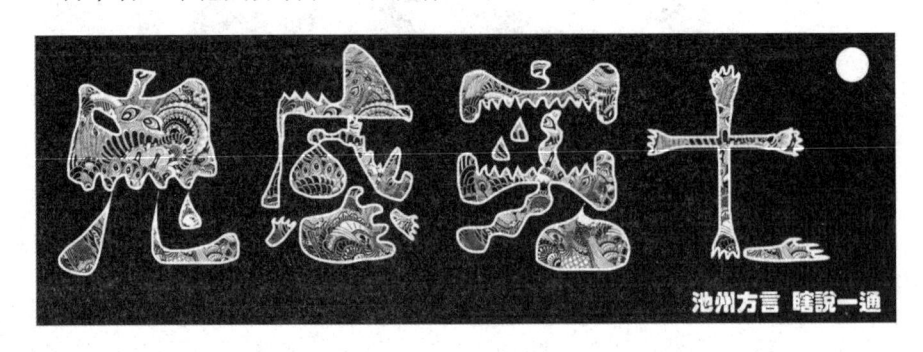

图 5-3　池州方言"鬼感实七"可视化设计中格式塔的应用示意图

由图 5-3 可以看出，平面给人最直观的视觉效果是由池州方言"鬼感实七"四个字组成的主体图案，意为瞎说一通。通过第一印象我们可以比较容易地认出"鬼感实七"几个字，画面中没有过多干扰信息。再更细致地看，可以看到几个字体笔画中的背景图案均为一个相似的主题，仿佛将孔雀身上各个元素打散后，再重新进行组合形成的。四个字使用了同一主题的图案，可以让整个可视化设计更具有统一性。

池州方言可视化作品核心元素选取孔雀的灵感取自《孔雀东南飞》，这是中国文学史上第一部长篇叙事诗，取材于东汉献帝年间发生在庐江郡（今安徽怀宁、潜山一带）的一桩婚姻悲剧。因此，孔雀与池州也有着微妙的联系，《孔雀东南飞》中焦刘二人的悲剧故事总会给人留下深刻的印象，通常引发人们的同情。

整个可视化作品以黑白两色为主色调，再加上构图上的怪诞风格，让作品整体上给人一种怪异恶作剧的感觉，与四个池州方言关键字的本意"瞎说一通"相呼应。

第五章　池州方言可视化设计方案研究

画面中所涉及的元素较为丰富，因此，如何将这些所要表达的元素更好地布局，需要设计者精心安排。这些元素怎样进行结合才能够既显得画面构图紧凑，同时又可以显出设计感，可以有条理地呈现所有信息。

合理的信息布局也需要考虑设计作品的整体风格，并将每一部分内容根据设计的理念与设计目标统一起来。整个画面的布局与可视化布局中每一个元素之间都存在着联系，相互之间也需要协调与兼顾。

下面是另一个池州方言的可视化设计作品，从中可以再次感受到合理布局的重要性，如图5-4所示。

图5-4　池州方言"莫困告"可视化设计中格式塔原则的应用示意图

从图5-4中，可以看到平面中三个图案构成的一个作品，不用过多思考，就可以较容易地看出，三个图形是池州方言"莫困告"三个字，意为不要睡觉。整个可视化作品不只是表面上呈现出来的池州方言的三个关键字，在每个字的笔画中设计了不同的图案。"莫"字的草字头——"艹"，由池州九华山的两个山峰造型构成，而"莫"字下部的"大"字，由长江滔滔江水的造型构成。"大"字的横笔由更为具象化的图形构成；而下部的"人"字由较为抽象的江水图案构成，同时又类似于中国传统文化中祥云的图案；中间的"日"字像一个张大了嘴的口型，似乎在打哈欠。"莫"字就山水构图来看，远山近水，构成了一幅青山绿水的盛景。

第二个字——"困"，设计成一个古式亭子的造型，中心"木"字中的一个竖笔为一古式着装的人物形象，更应了一个"困"字的含义。亭子是木制的，也符合亭子的实际特性。

第三个字——"告"，上半部设计成传统飞檐造型，下半部"口"字设计成一个闭眼的人物脸部造型，与池州方言"莫困告"含义——"不要睡觉"

·099·

结合起来，人们也不难理解，这是一个睡意姿态的形象。

再从整体上看这件可视化作品，可以感受到，设计者不管是在布局设计上，还是在图案的选择上，都设计得十分巧妙而得体，融入了池州当地的文化元素，对单个汉字单独进行解构，所选用的图案紧扣作品的主题，所有设计的安排都以主题为依据。格式塔原则的运用使得作品具有更加丰富的层次性，能更大程度上满足各种审美类型的人群的审美需求。

格式塔原则包含丰富的内容，但就视觉设计而言，只需要了解其中几个常用的原则即可，即接近性、相似性、闭合性、连续性、简单性。

1. 接近性

格式塔的接近性原则，就是指距离或位置相近的元素趋于组成一个整体。可以先通过一张图，来具体介绍其原理，如图5-5所示。

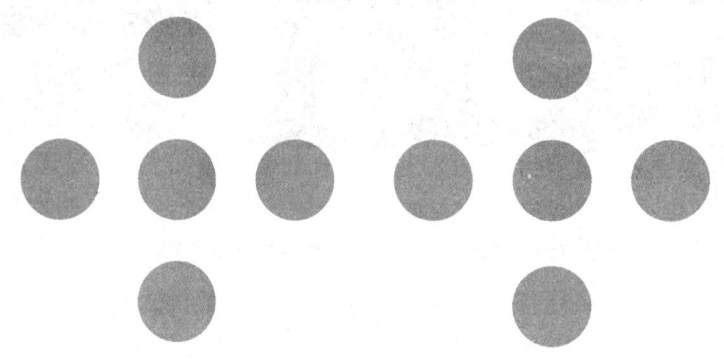

图5-5 格式塔接近性原则示意图

由图5-5可以看出，图中一共有十个圆形，我们可以很容易地将它们看成是两部分，左半边的一个"十"字形整体由五个圆形组成，它们彼此的位置都更为靠近，而右半边五个圆形同样也构成一个"十"字形整体，与左半边的图形相类似。人们对这个图形视觉上的第一感知，是这些圆形构成的两个图形，而不是它们独自呈现出的圆形。人们在视觉上的欣赏顺序，更多的时候是从整体到局部，也可以从另一个角度来理解人们这一欣赏习惯，人们更倾向于用最有效率的方式来快速理解一个画面信息。因此，从整体开始理解是最为省时省力的方式，如果从整体上不能更好地获取足够的信息，才会从更为具体的局部尝试获得更多的信息。

接近性是格式塔原则中最为重要的原则，在视觉设计中应用较为广泛。设计者通常在设计中会有意无意地把相似的图形聚合在一起，这样可以使视觉呈现的效果更加清晰，用户在使用或欣赏时，也更容易理解视觉化呈现的内容，用户不会花过多的时间在差别较大的元素之间来回切换。

在进行池州方言可视化设计时，格式塔接近性原则会不时地运用到。将图形，甚至是方言用语，置于同一个位置或区域中，便于用户集中理解所有信息，这样可以提高用户分析与解读信息的效率与效果。用户在观看可视化界面时，不会带来任何不舒服的感觉，也不会有任何欣赏负担。

2. 相似性

格式塔的相似性原则，指的是在某一个方面——形状、颜色、大小等相似或相近的元素趋于组成一个整体。就每一个元素来看，它们都是一个独立的部分，但这些元素组合到一起，从整体来看，就会有所不同，用户会更在意可视化图形的整体区别，如图 5-6 所示。

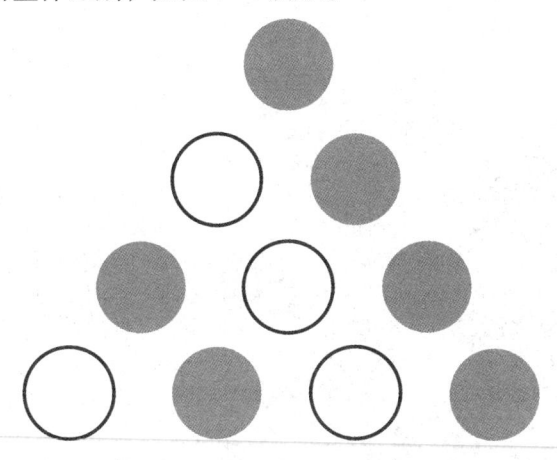

图 5-6　格式塔相似性原则示意图

由图 5-6，可以从第一眼看出，图形整体上由四个部分构成，它们分别为从左下向右上倾斜的四组图形，从左向右依次是一个空心圆、两个实心圆、三个空心圆、四个实心圆。而后用户可以注意到所有圆形构成一个正三角形的形状。最后，才会关注到每一个圆形是实心还是空心，它们彼此的大小和颜色是否有区别等一些更为细节的部分。

需要补充的是，运用相似性原则来设计，颜色相似作用效果要强于形状相似，因为颜色更容易引起人们的注意。人们通常先注意到事物的颜色，而后再进一步注意到其形状，这也说明颜色对人视觉上的冲击力最为强烈。这种设计安排也是在进行信息的筛选与优化，视觉化设计其中一项比较重要的内容就是简化界面，在保证信息全面的基础上，做到界面的简洁和干净。现代快节奏的生活让人们没有太多的耐心花过多时间在同一个信息上。因此，要帮助用户用更短的时间进行交互操作，高效的便捷性是可视化产品可以持续使用的基础。

在进行池州方言可视化设计的过程中，应当适当采用格式塔相似性的原则，将可视化界面进行优化，将相似或相近的元素集聚在一起。池州方言对于有些人来说，可能初接触的有较大的难度，因此在开始阶段的推广过程中，要尽可能降低用户的理解门槛，让用户有兴趣继续接触池州方言以及池州相关文化、历史背景、地域风俗等相关内容。

3. 闭合性

闭合性，指的是构成闭合造型的元素形成一个整体。用一张图来进行详细说明，如图5-7所示。

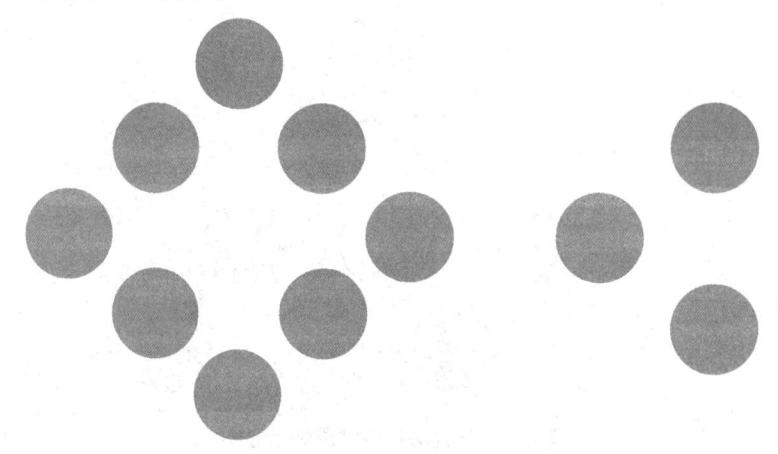

图5-7　格式塔闭合性原则示意图

由图5-7可以看出左边八个圆形共同围成一个封闭的图形，当用户看到它时，第一反应会把它们看作一个整体，八个圆形共同组成正方形。人们的视觉系统会自然而然地将自己所看到的图形尽可能地归类，似乎大脑习惯集中处理相似或相近的信息。事实上，这样的处理也是效率最高的。因为更为分散的信息会占用大脑更多的处理空间，这对用户的使用体验来说，会阻碍用户的持续使用。而图中右半边三个圆形所构成的三角形，同样也可以被看作是一个封闭的整体。

封闭性的另一种应用是在不完整的封闭性图形中，通过对整体的感知，可以判断缺失部分的信息。我们"求稳""追求完美"的视觉系统总是尝试将敞开的图形想象为封闭的图形。

在进行池州方言可视化设计的过程中，设计者可以尽可能地将各个想要表现的要素聚集在一起，或是形成一个封闭的结构，构成一个整体，为用户提供更方便的方式，便于用户浏览。对于可以滚动浏览的页面，通过不完整的封闭图形，可以暗示用户后面还有待浏览的内容。

4.连续性

所谓连续性，是指当发现一个视觉规律时，倾向于将视觉化对象按所发现的规律延续下去，如图5-8所示。

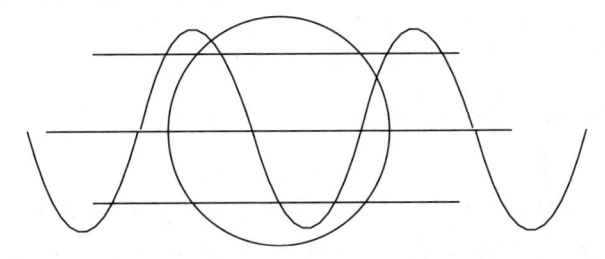

图5-8　格式塔连续性原则示意图

由图5-8可以看出，其中有一个圆圈，三条平行的直线以及一条曲线，我们对于每一个图形都已经相当熟悉，图形给人的第一感觉是，每个图形因连续性而引导着用户将注意力指向每个图形本身，而不是由这几个图形所切割出的多个局部"小块"。图形的连续性可以引导用户的注意力，设计者在进行设计时，可以利用这一点，有意识地、有规划地将用户的注意力引导到界面的重点或是中心位置，或是设计者想要重点表达的内容。在可视化设计中，要充分考虑连续性所能产生的效果，将可视化设计中的重点与非重点部分信息配置得当，可以在非重点部分利用图形或是设计元素的连续性，将用户或使用者的注意力引向界面中想要重点表达的内容。

在池州方言可视化设计中，可以充分利用格式塔连续性原则。设计者可以在可视化界面中将大众所熟悉的信息或是内容配置到非重点部分，并通过格式塔连续性原则和相关设计元素，将用户视觉注意力引导至界面的重点部分——池州方言元素。当然，界面的重点部分首先要进行重点配置，将其置于界面中心部分，各个主要的池州方言元素聚集到一个特定范围内，利用上文提到的接近性和相似性原则，最大限度地吸引用户的注意力。在此基础上，非重点区域要做引导性的设计，主要目的就是将用户的注意力引导到池州方言元素的重点区域。总之，利用直接和间接的方式吸引用户的视觉注意力时，还要注意所设计的界面关键信息密度不宜过大，以免让用户产生视觉上或是心理上的厌倦和疲劳。

连续性原则应用时，也可以先在界面的核心区域做重点设计，将关键的池州方言元素都集中于此，但界面中不可能每个区域都包含大量关键信息。在核心区域中进行连续性的引导，将用户的注意力适当引导到核心区域外。核心区域外可以设计一些次重要的有关池州方言的内容，作为核心区域的一种周边补充。这一区域类似于旅游景点的"休息区"，用户在核心区域欣赏累了，在适当的引导下，可以到"休息区"小憩一下。

5. 简单性

格式塔中的简单性原则指将复杂信息转化为更为简单的、具有对称性的、更具有意义的信息。

在现代的可视化设计中，简约、简洁的风格越来越受到设计师的青睐，这也与现代社会快节奏的生活，人们没有过多时间和精力去理解和读懂一个符号、图片、界面有关。因此，可视化的设计风格越来越趋于简化。与此同时，虽然设计风格越来越简单化，但这对设计师的要求也越来越高，设计师必须在有限的范围内用有限的元素表现与以前一样多的信息，因此在对图形进行简化的同时，需要设计有一定的趣味性或是一定的内涵，以弥补因简化而带来的信息丢失。可视化设计简化后，可以带来一个优势，更少的设计元素再加上设计者有意增加的内涵，可以让简化后的图形具有更多的象征内容。用户在看到这样的设计作品时，可能会产生更多的联想。

但格式塔简单性原则的利用要合理和适当，一旦用得缺乏逻辑，可能会直接影响可视化产品设计的整体呈现效果。因此，设计师应当根据自己的能力水平来选择使用简单性原则。

在进行池州方言可视化设计时，设计者可以有针对性地利用这一简单性原则。池州方言对于大众来说，可能较难理解，作可视化设计时，应当适当简化其中的复杂元素与内容，让所呈现的内容尽可能地简化，以便于用户或是大众更轻松地接受所传达的信息。设计者需要注意的是，在进行简化设计时，简化掉的信息要提前进行筛选，切不要将关键的信息进行舍弃，让本身较陌生的信息变得更为难懂。设计者要考虑简单性与信息的有效性的平衡，不可单纯偏向一方。

（三）适宜的色彩情感美

在进行可视化的设计中，可以说色彩是其中极其重要的元素。色彩的合理使用可以在很大程度上提高可视化设计效果，增强用户对可视化设计作品的感知程度，并可以充分调动用户情绪，提高作品呈现出的效果。

色彩情感，指不同波长色彩的光信息作用到人的视觉器官，通过神经系统传到大脑，此时人将过往的经验和记忆与光信息所产生的刺激进行对比结合，从而形成了一系列的色彩心理反应。关于对人产生的刺激而言，色彩所带来的刺激较为强烈，可以给人以更为深刻的印象与感受。人的情感此时也会发挥重要的作用，以往与颜色相关的记忆点与经验都会呼之欲出。在引发这一反应的过程中，人们对于当下所看到或欣赏到的视觉画面，又会形成更加深刻的感受。

不同的色彩使人产生的心理反应不尽相同，同一种颜色，每个人的认知不同，颜色所带来的感受也会有所不同，这没有一个统一的标准，与人的主观感受和认知有较大的关系。例如，蓝色会给一些人带来希望、安宁、信任、和谐、友好等积极向上的情感，可能还会让另一些人产生无情、冷酷、恐惧的感受。又如，红色通常象征着热情、爱国精神、奉献、生命、欢乐、爱情、活力等，但也有一些时候，会让人联想到战争、灾难、牺牲等一些消极的内容。以上描述似乎让人感觉，颜色所代表的含义充满了不确定性，与人的主观性关系过于紧密。但人们的理解可以被引导，设计者可以通过对设计元素的合理安排，或是通过烘托的手法，引导用户对色彩产生设计者想要其产生的认知。

在池州方言可视化设计过程中，设计者可以把更多的精力放在色彩的选取与搭配上，充分发挥色彩在设计中的作用，或烘托效果，或增强效果，或增强平衡性和整体性等。对于不同设计的内容，应当配以不同的色彩基调。例如，池州方言中"照迈"本身为"承诺"之意，在色彩的选取时，可以选用红色或蓝色为主色，红色可以代表承诺的真心与真诚，而蓝色可以代表承诺的庄重、严肃、认真。

不同的色彩进行搭配，所产生的情感也会有所不同。在进行可视化设计时，需要根据相应的主题风格，从整体上调动欣赏者的情感。例如，绿色、黄色、红色等颜色可以代表青春、活力、生命等；黑色或是灰色加上渐变和

光照的效果，可以表现高端气质以及优质的质感；蓝色、紫外光色等，可以表现科技感或是科幻感。

在配色时，可以选择同色系的色彩，画面会显得更为丰富，如蓝色与紫色的搭配，可以让未来感与前卫气质变得更为强烈。而非同色系色彩间的搭配，会让画面显得更加多彩多变，如红色与黑色的搭配，可以在高端中体现出一些热情与活力。

二、合理安排信息密度

一个出色的可视化作品，所包含的信息量并不是越多越好，而是需要控制在一个范围内。一个合理的信息量，可以让用户更轻松自如地理解可视化内容，同时也有更多的空间和自由度突出信息的重点。合理安排信息量需要做到以下两点。

（一）调整信息量与信息密度，使信息的呈现量恰如其分

设计者在进行池州方言可视化设计前，可以先对现有的资料信息进行筛选，以选出达成设计目的所需的信息。再对信息呈现量进行提前规划，结合呈现数量，有针对性地选择信息的内容，不宜过多，同时也不宜过少。在保证充分展示设计意图的基础上，加入审美考量，在平衡信息的数量与内容时，可以增加审美的尺度。

在进行池州方言可视化设计时，前期可以先筛选人们生活中常见的口语、习语、短句等，并安排合适的呈现量，让人们易于接受和理解。后期再融入一些不太常见的词语，结合一些熟悉的内容进行呈现。针对不同的人群，安排不同数量的信息。

（二）使信息的呈现主次分明

进行池州方言可视化设计时，还要分清主次关系，将主要的内容放置于明显的中心位置，次要内容置于主要内容周围。主次要分明，体现出侧重点，设计者要让自己与用户都明晰设计意图。主次分明的另一个目的是要避免次要内容抢占主要内容的"风头"，有时设计出的作品可能出现主次不清的情况，这容易让用户不清楚作品表达的中心思想。为避免此类情况的出现，可以将主要内容的颜色设计得鲜艳一些，图形形状稍大些，图形的亮度调亮一些等，通过对设计元素的调整来达到主次分明的效果。

在进行池州方言可视化设计时，明确设计的主题，将主要的核心内容突出呈现，将主要呈现的内容进行各种元素的调整，如位置置于画面中心，颜色要与其他次要内容的颜色区别明显，图形要独特，区别于其他次要内容，将主要内容色彩明暗度调亮等。

在进行可视化设计时，可能会出现以下两种情况：

第一种情况是，可视化的设计者想要传递的信息量过多，这样最容易造成用户在欣赏可视化作品画面时视觉的负担，同时由于信息量过大，容易使用户难以理解所提供的信息，主要的信息容易受到大量其他信息的影响，无法突出呈现出来，用户很难理解可视化作品想要表达的主题。

第二种情况是，可视化设计者过度简化了信息，用户难以理解少量的信息，呈现的信息也无法串联起来，形成有效的整体逻辑。

因此，在池州方言可视化设计中，不可出现信息量过大的情况，本身池州方言需要更大范围的普及、推广和使用，以达到保护与传承的目的。信息量过大或信息密度过高都会让大众失去对池州方言了解与认知的兴趣，进而后期的一切工作也就发挥不出任何价值。而在可视化设计中，元素信息量过少，过于简化时，大众对可视化作品主题的理解就无从谈起，不能形成合理的认知。

三、合理构建空间感与运用设计元素

传统的数据可视化或是声音可视化大多通过各种通用图表进行表现，呈现的效果通常会过于枯燥，显得过于专业和抽象，虽然用户对于信息的理解程度很大程度上已有提升，但想要获得最佳的效果，程度还显不够。还需要利用更多的呈现方法，加强可视化的效果，让所呈现的效果更吸引人，更容易地抓住用户的兴趣点。针对不同的人群和受众，可以有针对性地选择呈现效果。

例如，针对年轻人群体，可以选择时尚、流行、新奇的设计风格，迎合年轻人的兴趣点，使呈现出的可视化效果更贴近年轻人的生活，符合其生活习惯与欣赏习惯。当然，现在也有不少年轻人偏好传统文化与复古风格的内容。而对于中老年人，应当更多使用与这一类人群相关的内容，中老年人对于他们所经历年代的人和事有着特别的情愫，具有年代感、历史感的设计风格是这一类人群乐于接受的风格。此外，有一些中老年人也乐于接受一些新鲜的事物，因此，在设计中可以适量增加一些时尚元素和具有时代感的元素，更有助于可视化设计作品的推广与传播。

通过合理构建空间感与合理搭配适宜的设计元素可以收到意想不到的效果，具体实现方法有以下四个。

（一）加入具有高级感的设计元素，搭配符合可视化主题的色彩

"高大上"虽然已经用烂了，但不可否认，对于呈现效果来说，这仍是人们所追求的。对于大部分人来说，对有品位、有气质的事物总是充满偏爱，人们喜欢能体现自己的独特气质的事物，因此对具有高级感的设计元素，也会更加青睐。与此同时，运用具有高级感的设计元素，会让用户感觉到设计者的专业性，也会让用户产生良好的第一印象。对于视觉设计来说，第一印象往往十分重要，通常这决定了用户是否会继续往下欣赏。

符合可视化主题的色彩搭配同样也可以达到构建空间感的目的。可以选择一些具有现代气息的、鲜明亮丽的颜色，将可视化的画面的气氛烘托出来。也可以适当添加一些色彩的种类，利用多色块，搭配出与主题相适宜的色彩。例如，池州方言中"阿头"，意指女孩子，在对这个词语进行可视化设计时，适宜搭配粉色系、红色系、黄色系等暖色调的色彩，与设计的主题相衬。对于审美，最基本的标准就是看起来舒适，让人心情愉悦。池州方言可视化设计最终所要达到的效果，是让用户或大众在欣赏完设计的作品后，可以获得愉悦的心情。

在进行池州方言可视化设计实践中，要考虑将具有高级感的元素与符合可视化主题的色彩融入设计中，虽然池州方言属于地方文化中的一部分，但其仍需要一些现代元素将其带入现代社会生活中。现代元素中包括流行部分，同时也包括具有高级感的部分，再加上符合主题的色彩的烘托，可以突显可视化效果，或者通过对比，形成反差，增加画面的呈现效果。

具有高级感的部分与主题化的色彩结合起来，如果配置得当，可以得到超出想象的效果。例如，在池州方言可视化设计过程中，具有高级感的部分，可以选用黑色、蓝色、白色等可以体现品位与气质的色彩，以其作为设计的底色，配以简单的图形，让呈现出的画面干净、简洁、有力。局部的主题元素可以选择一些较为明亮的色彩，与主题底色形成轻微的反差对比，以提升画面的表现张力。

（二）增强互动界面的空间感，增强信息的可承载性

在可视化设计中，配置设计元素的过程实质上也是如何充分利用界面空

间的设计，设计者需要对一个互动界面所能承载的信息量，有一个总体的规划。在设计互动界面前，需要将各种影响设计界面呈现效果的因素综合进行考虑，让最终呈现出的可视化界面具有较强的空间感，同时还要保证主题信息的充分表达。

影响互动界面空间感呈现的因素有界面的总体信息量、界面的色彩搭配、图形的选取等。控制呈现的信息量在一定范围内，留足一定的空间，可以让用户在欣赏时不至于形成视觉疲劳。色彩的直接呈现与间接烘托综合使用，利用色彩来营造空间感和界面氛围，是常用的表现方式，可以直接呈现，也可以通过反衬的手法，让中心重要区域更加突显。利用各种不同的图形也可以表现出界面不同层次的空间感，界面中的每个图形相当于宇宙中的"星体"，"星体"之间具有相互吸引力，但又不能离得太近，需要保持一个合适的安全距离。想象每个图形之间都会产生作用力，在设置界面中彼此之间的距离与空间时，设想图形间是相互运动的，如果将这个图形放置于此，它会做怎样的运动，试图思考一些此类的问题，会帮助设计者更好地进行设计元素的布局。

（三）利用高精度材质增强呈现效果，利用更具现实感的光影呈现形式

结合上文第一条所提，可视化设计产品想要体现出高级感，一方面在设计配置上，另一方面在于设计的呈现效果上，选择使用什么样的材质，采用什么方式等，都是设计者需要考虑的内容。而高精度材质的使用可以更好地体现可视化设计作品的品位风格。若是印制出的可视化作品，需要应用高清晰度的打印技术，可将色彩的饱满度充分予以呈现。

在原有的设计中，设计者可以选择利用光影技术将可视化界面的现实感呈现得更为强烈。当然这种风格的选择需要根据可视化作品的设计主题与思路来进行选择，需要具象化或是更细腻地表现主题的作品，可以通过此种方式进行处理。具象化的反面是将可视化信息进行模糊化处理，设计者可以将次要内容进行模糊化处理，以将主要信息凸显出来。

（四）利用具有丰富粒子流动及光圈闪烁的动画效果进行呈现

粒子流动和光圈闪烁的动画效果都属于视觉化呈现的一种方式，可以增强画面的趣味性，动态的效果比静态的展现对可视化内容的表现力更强，同

时也能呈现更多的信息。深蓝色、黑色、紫色的粒子流动，可以与前文介绍的高级感结合起来，可以烘托高级感和科技感，让用户拥有更多想象的空间。用户的注意力会更容易被粒子流动形成的效果吸引，可视化的效果也更容易提升。

光圈闪烁同样也可以营造出高级感和科技感，此外，还可以使欣赏者产生时光穿梭的效果。通过不同颜色的配置，可以呈现出不同风格和场景的效果。光圈闪烁还可以让人产生一种神秘感。设计者需要结合不同的设计目的与主题来选择合适的光圈闪烁的风格。

对于池州方言可视化设计工作来说，需要尽可能地选择以动画效果呈现可视化效果，因其是动态的、连续的，更能吸引人们的注意，并且也最能引起用户继续欣赏的兴趣。动画效果与其他诸如构图、空间感、色彩等设计元素相结合，可以更好地将可视化作品的主题与意图进行展示。

四、灵活运用动画与过渡

动画与过渡效果可以增强可视化界面丰富性，提高用户对信息的理解程度，用户进行交互反馈也会更积极，使交互操作更自然且连贯。可视化界面中的重点内容与信息的呈现力会因此增强，用户的注意力更容易被吸引，增加用户欣赏后的印象。

但如果动画与过渡使用不当，就会带来相反的效果。要想合理且灵活地运用动画与过渡，可以从以下三个原则做起。

（一）易理解原则

可视化设计最终目的是要将主题信息传播出去，让目标用户看到、理解，并产生一定的影响。因此，可视化设计中一个最为重要的原则是，让用户理解所设计的作品的内容信息与想要表达的情感。要做到这一原则，可以通过适量的时长、简单的形变、呈现易捕捉和易判断的信息，避免造成欣赏者观看时的理解负担。

控制合适的时长，时长过短可能会丢失重要信息，不能把完整的设计逻辑表达清晰；而时长过长，用户可能没有足够的耐心将可视化作品欣赏完毕，或容易产生欣赏厌倦感。时长过长，还容易给人以拖沓、啰唆的感觉，产生的烦琐印象可能会贯穿整个视觉传达过程。时长过长，所包含的主题信息也会相应增多，给用户造成信息接收的负担。

在视觉设计中，可以用简单的图形来表达信息，就最好不要用复杂的图形，增加用户的理解负担。一个简单的图形也可以进行多种变形，表达出丰富的信息，可以抱有简洁的意识，想尽一切办法为用户节省时间，增加趣味性。

想要让所呈现的信息容易捕捉、判断、理解，要用简单的图形或是变形来表现信息，尽可能地选取大众所熟悉的图形，或是对熟悉的图形作简单的变形，让用户从自己熟悉部分开始欣赏可视化作品。当理解了可视化作品后，才会有之后的对其的分析、判断、评价等。

将易理解原则应用于池州方言可视化设计中，总体原则就是让用户可以轻松地理解可视化所呈现的效果与内容。将可视化作品的时长控制在适宜的时长范围内，利用简单的图形或是简单的变形表达设计主题，在保证最佳信息量的前提下，用尽可能简单凝练的图形来表达设计主题。

（二）适量原则

动画的设置不宜过多，总体而言，还是要控制适当的时长，尤其是自动播放的动画，不要陷入过度设计的陷阱中。有时，动画要呈现更好的效果，需要静态图画对其进行衬托，可以将动画中的效果通过衬托的方式进一步放大。在可视化设计中，可视化作品可以完全以动画的形式进行呈现，同时也可以将动画加入静态的画面中。由动静的对比，强化信息的表达。

（三）统一原则

相同动画语义要统一，相同或相似的行为与动画要保持一致，保持一致的用户体验，即用户在欣赏可视化作品时，不要让用户突然产生落差感，这个落差感并非指的是反差、衬托等手法的运用，而是指作品整体上有明显落差。在池州方言可视化设计中，要保证所设计作品的整体性与统一性，不管是在图形的选择上、颜色的搭配上，还是内容信息的选取上，都要自始至终保证统一协调。

什么场景运用动画与过渡可以事半功倍呢？主要为以下几种场景。

1. 辅助不同视图，或不同可视化视觉通道的变换

（1）如果设计师在进行信息筛选后，信息量或信息的密度仍然很大，设计者可以通过多个视图来分配信息量，以使平均到每个视图上的信息密度减

少到一定的数量。不同视图之间可以通过相互之间的动效切换或是加入过渡效果，以让各个视图部分进行紧密的衔接，所有这些操作可以由用户自行决定是否进行切换或是过渡，将作品欣赏和浏览的主动权交到用户手中，让用户拥有被尊重、被重视的感受。

过渡的效果，有助于用户随时跟踪不同视图间元素的切换，感受变化中的动态效果。

（2）可视化设计中数据或表现形式发生变化时，为了减少视图变化中给用户带来的视觉落差感，避免信息的衔接出问题，可以通过动画的形式进行过渡处理，以让过渡的画面不至于显得过于突兀。

2. 交互反馈效果

在进行可视化呈现时，交互的实时反馈有助于避免用户盲目地进行重复操作。例如，当鼠标移动到指定的可视化区域时，发生相应的变化，出现光晕或是微动效时，以指引用户进行下面的操作。即时的反馈有助于用户使用体验的提升，创作者也可以通过大数据收集用户的使用数据，随时对可视化作品进行调整，不断对可视化作品进行优化。交互效果的实现不只是让用户更有兴趣浏览作品，同时也让创作者更好地了解自己作品在实践中的反馈。

设计者通过光晕或是微动效，指引用户的浏览行为与顺序，提前为用户规划好浏览顺序，将设计主题、思路、逻辑融入其中。

3. 可视化细节：微交互动效，引起观赏者的注意

微交互动效常用的有虚拟物体的动作、运动、闪烁等动画效果，这种微交互动效极容易引起用户的使用兴趣。设计者需要表现重要内容时，可以选择微交互动效将用户的注意力吸引到重要的信息上来。微交互通常用来增加设计的趣味性，用户有了兴趣后，在情感上也更容易产生共鸣。可视化设计其中一项重要的内容是让用户产生兴趣，拥有愉悦的感受。

例如，在进行池州方言设计时，可以利用微交互动效，为用户演示方言的发音、使用场景、方言词汇的解析等，并且这些内容都可由客户自行进行选择。设计者可以设计多视图的方式，将池州方言词汇进行分类，由用户选择自己感兴趣的类别，再加之操作中的微交互动效，可以让信息都带有趣味性。

五、从数据到可视化的直观映射

可视化最终的目的，就是让客户在最短的时间内获取尽可能多的有效的信息。如果只是观察抽象的数据，无法快速获得数据想要表达的内容，因此选择合适的数据到可视化元素的映射，可以提高可视化设计的实用性与功能性。

将数据进行可视化的呈现需要综合考虑各方面的因素，结合设计者的经验和审美能力，再根据数据的类型，以及数据传达的目的，选择合适的图表进行可视化呈现。

六、合理的可视化交互

在进行信息可视化的叙事过程中，可以将可视化信息进行轮流播放，或用动画等效果，进行手动或自动切换数据信息，以推进可视化故事的展开。尽可能让用户主动进行界面的交互与操作，减少动画自动播放的设置。

用户信息在进行可视化设计交互操作时，设计者要保证用户操作的准确性、预见性、引导性，做到交互前有引导指示，交互操作结束后，用户可以进行及时的反馈，或是系统可以自动记录用户的反馈信息，信息可视化的整体要有逻辑，故事要保持连贯。同时，还要保证交互操作时的易理解性、直观性、易记忆性，以保证用户在一个低门槛的交互环境下自如轻松地进行浏览。

可视化设计要处处为用户着想，时时站在用户的角度思考问题，因为可视化设计出的界面或是产品，最后都需要面对用户，需要服务于用户。因此，需要考虑用户在使用或是欣赏界面时的便捷性，具体来说，设计者在进行设计时，需要考虑用户操作时的准确度，操作过程也不应过于烦琐。在进行关键性的操作时，要在相应的位置上有预见性地进行提示，让用户清楚如何进行下一步操作。同时，需要加入引导性的设计元素，引领着用户在可视化设计的"景区"内进行有条不紊地游览。

在池州方言可视化设计中，设计者同样需要将以上所提的准确性、预见性、引导性融入其中。方言可视化交互因其操作频率较为频繁，所以需要准确性作为底层逻辑的体现，保证用户每一步操作都有准确性的反应。预见性体现在设计者预判用户会进行哪些操作，在用户进行可视化操作时，设计者可以为用户提供一些备选项，让用户可以根据自己的需求进行选择。方言可视化设计中引导性的功能设计也是必不可少的一环。设计者可以选择由浅入深的设计思路，让用户从较为熟悉的"切饭"——吃饭，到较为复杂的"叠高子"——跌跤，由简单到复杂，让用户在进行操作时，有一个逐渐过渡的阶段。此外，还要保证可视化设计中的易理解性，不应设置过多难以理解的内容和信息，同时也可以保证界面的直观性。一个较为重要的点是易记忆性，池州方言进行可视化的推广与传播时，让用户对池州方言有印象，与让用户可以记下池州方言的口语相比，显然后者可以达到最好的方言保护效果。

七、自然的可视化隐喻

可视化隐喻，意指在利用可视化信息表达可视化设计的主题时，设计者可以把可视化设计中陌生的信息与用户所熟悉的信息进行比对理解，如此有助于使用户对设计所表达的主题有更加深入的理解，同时在进行对比理解时，用户也更容易理解设计中所传达的陌生信息。此手法可以让用户产生共情与共鸣，设计中的人本思想也通过这种方式得到体现。池州方言可视化设计都是针对人、针对目标群体来进行设计的。可以先从人们日常生活中常用的口语词汇入手，如"搭搭"——爸爸，"更子"——今天，"们子"——明天，"后子"——后天等。

在利用可视化隐喻时，本体与喻体之间存在着一定的相似性与关联性，这样的可视化隐喻才能显得自然与贴切。在池州方言可视化设计的具体实践中，更加具象化的图形或界面使用户更易于理解，这可以通过图5-9来进行说明。

由图5-9可以很清楚地看到，一个小孩子在上阶梯时，整个身体跌倒在台阶上，两只手趴在地面上，身体贴在台阶的边缘上，两只小腿跷起，一颗门牙摔掉出来，由于摔得比较重，眼泪也随之流出来。这样的画面设计将小孩子摔倒一瞬间的情景描绘得栩栩如生。设计者对重点内容进行具象而细致的描摹，而次要信息则少着笔墨或是略去不提。设计者只是绘制了小孩子摔倒的一个局部画面，不用交代背景等其他信息，就可以将跌跤这一动作明确、生动地表现出来。

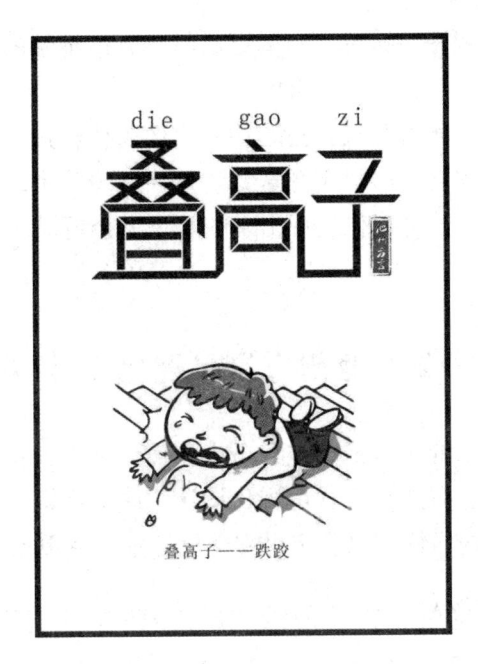

图 5-9　池州方言的可视化隐喻案例示意图

通过一个具象化的局部设计，首先可以让欣赏者非常清晰地看到可视化界面传达的信息主旨，周围的留白部分又可以给欣赏者丰富的想象空间，可以将这一局部场景想象为回家的楼梯上，小孩子由于归家心切，不小心跌倒在台阶上，满腹委屈；也可以想象为在游乐场通往摩天轮的台阶上，出于好玩的天性，以及想要第一个登上摩天轮乘客舱的迫切心情，不留意跌倒在台阶上。此外，池州方言"叠高子"三个艺术字置于画面上半部明显部分，是设计者所要传达的重要内容，且棱角分明的艺术字与下文配图中同样边角鲜明的台阶很好地搭配在一起，统一而和谐。艺术字上方的拼音部分，加上配图中小孩子卡通化的形象设计，可以让低年龄段的儿童群体更加容易理解。

八、正确的可视化故事与视图选择

可视化设计中一个重要的环节是对整个设计过程进行策划，对可视化内容的提炼、对视图的精心选择是可视化设计中重要的任务。

信息以及方言的可视化最为关注的是信息或是方言本身，通过对信息的提取和分析，挖掘信息背后所隐藏的可视化主题，而后根据确定的可视化主题的要求，选取合适的视图。对于简单而又易于理解的方言可视化内容，可以选择一个基本的可视化视图进行呈现，而对于复杂而陌生的方言可视化内容，需要调用多个视图，通过清晰的层次与具有逻辑性的顺序进行呈现，再将所有信息整合到一个整体的故事中。

在进行池州方言可视化设计过程中，大致需要经过池州方言关键信息的提炼、分析逻辑、整合故事、视图选择、效果呈现几个步骤。在前四项工作都扎实开展后，最后的可视化呈现出来的效果也会更加理想。

第二节　池州方言可视化设计目标

本书上一节着重介绍了池州方言可视化设计理念，从设计思想上进行了系统梳理，明确了进行池州方言可视化设计的底层逻辑，紧接着需要明确池州方言可视化设计的目标，以确定可视化设计中的侧重点和方向。

一、真——真实性：如实反映池州方言的内容信息

真实性，意指池州方言可视化设计作品是否正确地反映了池州方言或内容的本质，用户对所反映的内容是否有正确的感受与认知。真实性是池州方言可视化设计的基础。

池州方言可视化设计的效果不管如何丰富多变，包含多少新颖精彩的内容，从最根本上是要保证其所展现内容与知识的真实性和准确性，准确性可以归为真实性的范畴，因为只有先做到准确地进行表达，才可能存在内容的客观与真实。这是可视化呈现的基础，如果所要展现或是表达的内容本身已经缺乏真实性，最终就会导致所呈现的画面或作品成为"空中楼阁"。

池州方言所涉及的内容大多与现实生活密切相关，虽然方言并非书面用语，但其在使用过程中的准确性表达，仍是其要满足的最基本标准，这一点直接会影响到池州方言的传播推广以及人们日常生活中的沟通交际。

因此，在进行池州方言可视化设计的工作中，首先要保证内容信息的真实性与准确性，进行方言的可视化设计的最终目的就是要向人们宣传与推广池州方言，对这一地方性方言进行合理妥善地保护与传承，让人们通过日常的使用，将这一地方传统文化中重要的一部分更完整、更持久地保存与使用下去。

二、善——倾向性：体现池州方言在现实中的功能与意义

倾向性，意指池州方言可视化设计所要表达的内容或信息，对于社会和

日常生活具有一定的意义与影响。

在日常生活和工作中，语言之于人们的重要性不言而喻，它是一个沟通交流的重要工具，并且是一个极为重要的工具，人与人之间的生活与工作事项的沟通交流、情感的表达与传递、情绪的发泄与分享等，都需要通过这一工具来实现。

对池州方言进行可视化设计，就是要让更多的人认识、理解、使用、推广池州方言，同时也让本地区正在使用该方言的群体加深对池州方言的理解，增强使用池州方言的自信心，增加池州方言的使用场景。

三、美——完美性：体现池州方言可视化设计呈现效果的美学与艺术价值

完美性，意指池州方言可视化设计的形式和内容是否能够达到完美标准，是否具有艺术的审美特性，在此基础上是否有所创新与发展。

人们对于美的事物向来没有抵抗力，人们憧憬美好的生活，喜爱美的物件，喜欢观赏一朵美丽娇艳的花朵，欣赏一幅细腻唯美的图画。可以说人们对于美的追求与向往没有止境，美的标准也没有上限，没有人满足于一个事物美的程度，而更多时会觉得一个事物还不够美。

因此，设计者在进行池州方言可视化设计时，更需要将艺术的完美性置于效果呈现的重要位置，并应以艺术审美性作为指导，引导可视化设计的整个过程，并要在一开始便要将这一理念融入可视化设计流程的各个环节中。每个人对于美的认识和理解程度虽不尽相同，但人们看到美的事物所产生的情感却大同小异。

艺术完美性与可视化的趣味性有着一定的关联性，艺术审美性并非指单纯的、严肃的艺术美，其应当具有一定的趣味性与娱乐性质。当今社会中，人们已经在生活与工作中承受了比以往更多的压力与负担，除却这两项涉及个人生存的重要事项外，人们需要一些有趣以及有意思的事物来缓解生活与工作中的压力。如果单纯只是看起来赏心悦目的事物，在人们心里往往不会留下过多深刻的印象或是影响。这时趣味性与娱乐性元素的融入就变得顺理成章。若人们看到一个美不胜收的画面时，同时也能感知到其中有趣的内容主题，其给人带来的无尽享受可想而知。趣味性可以更好地引导欣赏者继续对可视化作品进行深入的了解。

池州方言可视化设计中，对美的把控必须严格，其中包含诸多方面的综

合与协调：色彩的筛选与搭配、各个图形之间的相互协调、可视化效果的呈现方式、空间布局与构造、画面光线的明暗调节、画面切换方式的选择等。总之，池州方言可视化设计中的各个环节都可能涉及审美问题，因此从艺术完美性的角度来看，审美可以贯穿整个可视化设计。当然，这需要在可视化作品具有真实性与倾向性的基础上来进行。

综上所述，池州方言可视化设计目标，需要将上文所提的真实性、倾向性、艺术完美性结合在一起，三者缺一不可。真实性是本质与基础，倾向性是功能与意义，而艺术完美性是可视化作品呈现效果的品质保证。

第三节 传统文化保护下的池州方言可视化设计的侧重点

前文已经介绍了池州方言可视化的设计理念和设计目标，接下来，在传统文化保护下进行池州方言可视化设计时，需要确定进行可视化设计时的侧重点，以明确可视化设计的主题，明确方向，在可视化实践的过程中，让各个环节的重心更加清晰。

一、从地方传统文化语境中汲取灵感，融入现实生活的实用性语境

传统文化是一座巨大的精神文化宝库，经过千年的文化积淀与历史的洗礼，蕴含着丰富的内容。在进行池州方言可视化保护时，应当提炼其中可资利用的精华，与当下的现实生活相衔接，应用于现代人的生活与工作的各个场景中，拉近传统与现代的距离。传统文化元素只有应用于现实中，才能最大限度发挥其悠久的文化力量。

二、以傩戏等民间艺术为方言载体，将民间传统文化保护与池州方言保护相结合

池州方言并非单独存在，其是在漫长历史进程中通过各种方式得以传承，并发展至今。民间艺术是其主要的载体，其中包括傩戏、"京剧鼻祖"青阳腔、石台唱曲、贵池罗城民歌、平安草龙灯、鸡公调等。池州方言属于池州地方传统文化中的一部分，在进行池州方言保护的同时，不能不涉及地方文化与民间艺术。

除了与日常生活相衔接，更多地选用实用池州方言词语外，还要兼顾池

州地方文化以及民间艺术的推广与宣传，几个方面相互结合，可以积极地保护与传承地方传统文化，更为重要的是，池州方言借助地方传统文化积淀的深厚内涵，可以得到更为有力的保护与传承。

例如，在池州方言可视化设计中可以加入傩戏和"京剧鼻祖"青阳腔的艺术元素，可以将傩戏或青阳腔中典型人物的形象作为池州方言可视化设计中的形象，或是以戏剧的场景作为可视化的界面，通过戏剧中人物的对白来引出池州方言内容。傩戏或青阳腔中戏曲服饰的元素也可以应用到池州方言可视化的设计界面或是交互界面中。而平安草龙灯的文化元素也可以融入池州方言可视化设计中，可以用平安草龙灯组成池州方言的文字部分，旁边注释可以对池州方言的语言信息以及平安草龙灯进行简略的介绍。另外，平安草龙灯的元素可以应用于交互界面中。

三、将池州方言可视化设计融入课堂教学

池州方言可视化设计中一个重要的形式，就是与学校课堂教学相结合。通过教学的形式，向中小学生、甚至是大学生宣传推广池州方言，是一个极为有效的方式。学生是祖国的未来，是民族的希望。在学生学习知识、了解世界和认识世界的过程中，对其进行传统文化的传授，让其拥有更多的机会接触池州文化的内容，有助于增强其民族认同感和文化自信。

学校教育对于学生来讲，可以影响其未来的一生的学习、生活以及工作等各个方面。借助于学校课堂教学这个有力的宣传推广方式，池州方言保护工作不但在当下可以收获明显的保护效果，而且在未来时代发展中也可以获得有力的传承。就人一生的发展来看，人在学校学习阶段所学习的知识和文化会对其产生深远的影响，池州文化在学校课堂教学中埋下的文化"种子"，在未来终会长成枝繁叶茂的参天大树。

在课堂上，可以介绍一些池州方言可视化的作品，介绍时要兼顾学校课堂的场景，采用风格活泼有趣的作品，如图5-10所示。

图 5-10　学校课堂教学中采用的池州方言可视化作品示意图

从图 5-10 可以感受到可视化作品贴近青少年特性的设计风格，整个可视化作品以暖色调打底，字体与画面上方的太阳为红色，象征着希望、活力、热情、温暖、友爱。池州方言中"们个"意为明天，太阳意为明天的太阳，也象征着青少年是祖国明天的太阳。白云象征着纯洁、天真与理想，与太阳统一在一起，代表着一种积极、阳光、纯真的美好心情。"们"字右半边"门"的设计，像一个人向另一个人鞠躬行礼，其谦卑谨慎的态度被清楚地表现了出来，增加了整体画面的人文气息与温情。

又如在学校厕所门口墙面可以布置池州方言元素的可视化作品，如图 5-11 所示。

第五章　池州方言可视化设计方案研究

图 5-11　学校厕所墙面池州方言可视化设计示意图

从图 5-11 中可以看出，池州方言可视化设计图由三部分构成，上面部分为池州方言关键词汇——"毛缸"，意为厕所。"毛"字为红色，"缸"字为蓝色，红色与蓝色的色彩搭配，与下方厕所标记的简易图形中的红色与蓝色相得益彰，上下呼应。红色代表女生、女厕所，而蓝色则对应地代表了男生、男厕所。红蓝相间的颜色搭配给人以舒适温馨的感觉。中间部分为池州方言"毛缸"的释义，可以帮助人们了解词的意思。上方"毛缸"圆润的艺术字体贴合了青少年的审美习惯，中间部分偏正式的艺术字体体现出了普及知识与文化的正式与严肃。

整体上看，可视化设计作品贴合学校的使用场景，构图疏密有致、传达的主题内容易懂、实用、美观，同时也具有一定的趣味性。学生对于这样一件可视化作品，愿意花更多的时间进行欣赏、讨论与分享，不经意间对池州方言文化的传播与推广，贡献了自己的力量。

四、将池州方言可视化设计融入文化旅游活动

文化旅游活动是人们生活和工作之余重要的活动事项，文化旅游活动也可以成为池州方言可视化保护的重要方式。并且在文化旅游方面，池州方言的可视化有更多应用的机会与空间，如旅游景区的各项指示牌的设计、景区旅游宣传手册的绘制、文旅衍生品的设计、文旅宣传片的制作等。

旅游景区的标牌设计中，可以加入池州方言的元素，同时还可以配以语音提示功能。对于不了解池州方言的游客，除了在标牌上加入池州方言的释义解读外，通过语音朗读的形式，游客对池州方言的标准发音会有更准确的把控，比同音或拼音标注更为生动具体。这种功能的设置更有利于游客快速地习得池州方言，并因此而产生更大的兴趣去了解池州的地方传统文化以及传统艺术。

景区的旅游宣传册中可以更多地融入池州方言可视化的内容和作品。在进行旅游景点的介绍时，可以适当配以池州方言可视化内容，同时还要附有明确的解释，在不增加游客阅读负担的基础上增加池州方言的出现频率，文字旁边的图片可以选用池州民间艺术中有代表性的人物、色彩、图形等。

公共区域包括餐厅、公共休息区、广场、公共洗手间等。在公共区域中的宣传标牌或是提示性的标牌设计中都可以加入池州方言元素。例如，在餐厅和公共休息区播放池州方言可视化的宣传短片，或是在当地特色产品广告中加入池州方言元素，抑或是将导游交互界面上的提示用语替换成池州方言词语。

文旅衍生品中可以包含更多的池州方言可视化元素，主要体现在包装的封面设计上。这部分内容将在第六章第四节中详细进行介绍。

五、将池州方言可视化设计融入社会公益事业

不管是从池州方言保护的传播与宣传方面看，还是在池州方言的社会公共功能上看，与社会公益事业进行结合都是一个十分有效的方式。公益事业可以通过直接或间接的方式为社会活动、经济活动、居民生活提供必要的基础服务。其中包含教育、文化、卫生、体育、环境保护、扶助残疾人、救济贫困、救助灾害等诸多事项。由于涉及领域众多，所涉及的人群更为广泛，对于池州方言保护来讲，也就更利于其宣传与推广。

总而言之，在文化自信的引领下，池州方言可视化设计应当从中国传统

文化中汲取更多的营养与力量,借助自身文化优势,以传统文化为依托,完成池州方言的传承使命。

进行池州方言保护工作侧重于宣传方式的选择,要寻找更多的宣传推广渠道,扩大宣传范围。此外,需要将池州方言可视化设计与实际相结合,让人们在使用中理解池州方言,体会池州方言的魅力。同时,还应当从传统文化中汲取设计灵感,需要将传统文化元素与现代审美相结合,展现时代精神与艺术品位。

第四节 传统文化保护下的池州方言可视化设计方案制定

方言保护是以保护方言为目的的自发的民间行动,主要是在使用汉语方言的地区进行,尤其以南方方言区为主。

各地方言因普通话的广泛推广而使用情况逐渐减少,以致到了逐渐消失或失传的严重境地,方言保护为应对这一情况而开展,同时也在呼吁官方保护以方言为载体的非物质文化遗产,如民间文学、民间音乐、民间戏曲曲艺等。

联合国《公民权利和政治权利国际公约》说明:语言上的"少数人"同样享有"使用自己的语言的权利"。

海峡两岸暨香港都有自发组成的方言保护团体,但大部分的保护方案仍停留在讨论阶段以及举办小规模的民间活动阶段,整体亦缺乏沟通交流,尚无任何实质保护方言的有效行动,方言保护工作有待于大幅度地提升效率与质量。

关于方言,一直有两种对立的观点:一种观点认为方言代表着中国多元化的地域文化,如果没有方言这种存在形式,其所承载的地域文化内容也将会因此而消失,与方言紧密相关的各种曲艺或是民间艺术形式因此也无法保存下来,这也不利于文化的多样性发展。另一种观点认为保护方言与普通话推广的政策相违背,将语言规范统一起来有利于人们日常或工作中的交流,而多种多样的方言则阻挠了语言规范统一的进程。

对于地方文化来说,方言是其重要的构成元素,因此保护与传承方言实质上也是对地方文化的一种保护。方言保护应当首先依靠社会力量来开展,应当让公益组织等相关单位共同努力,与此同时,让大众参与进来,通过新的传播方式以及新的技术手段呈现方言的魅力。如果只是将方言保护与学校课堂简单的对接，不考虑学校教育本身的作用与价值，不利于学校教育的长远发展，同时也不符合方言保护工作的目的和价值取向。学校教育只是教育中的一个类别，还有其他形式的教育，因此不能只依靠学校教育这一种方式来保护方言。

就一个地区的方言来说，其包含着当地独具特色的文化元素，这是其他地域方言所不能取代的；而每一种方言所蕴含的文化价值都应当受到尊重，同时方言也应当得到保护与传承。值得一说的是，我国有上百种戏曲类别，而每一种地方戏曲都是以方言为基础而存在的。如果方言就此消失，这些地方戏种也就成了无根之木、无源之水，先人留下的宝贵遗产也将不复存在。因此可以说，方言保护工作不只是保护地方方言本身，同时也是对地方文化的保护与传承，甚至也是在保护地方的其他与方言相关的艺术形式。

方言可以说是文化的"活化石"，它是经过了漫长时间所形成的地方语言体系，其承载着太多历史、文化、艺术等信息内容。如果不对其加以保护，许多与方言相关联的地方文化也会随之消失。著名学者周海中教授在一次媒体采访中提到，语言是人类文化的载体和重要组成部分；每一种语言都可以反映当地的风土人情和生活习惯，以及人们的世界观、思维方式、文化等独具当地特色的元素，而这些也都是人类最为宝贵的非物质遗产；当一种方言消亡之时，其所对应的地域文化也会随之消失。如今处于弱势的地域方言正在面临着全球化以及互联网的强大冲击，国际上的强势语言也对方言的保护产生着巨大的影响。因此，方言保护的相关机构或组织应当积极采取行动，制订有效的保护措施，抢救正在消失的民族语言。保护汉语方言有利于人类文明的传承永续，同时也有利于社会稳定与民族统一。

具体到池州方言的保护工作，可以从以下几个方面来开展。

一、推动图、音、像、影等多种可视化形式全方位展示，以保护池州方言的文化资源

对池州方言文化资源的保护并不是只有一种方式，也并不是只有一条途径。在进行池州方言可视化设计过程中，应当充分利用现代技术，发挥可视化的优势，通过图像、音频、视频等多种方式，丰富可视化的呈现形式。可以单独利用其中一种方式进行展示，也可以将其中的两种或是几种形式结合起来进行使用，目的是要在保证池州方言内容真实和准确的基础上，利用多

种形式充分调动观看者的欣赏兴趣。

不管通过何种方式进行呈现，不管利用何种技术，最终目的是要减少观看者浏览时的认知负担，保证可视化内容的易读性，同时也要保证交互界面的易操作性。操作界面的整体设置要尽可能地让各个年龄段群体都容易上手，保证简洁、明了、清晰、活泼、有趣的界面风格。可视化作品在成形之初，可以先让各个年龄段人士进行试用，收集试用者使用的反馈意见，针对各项意见进行有针对性的调整，不断优化可视化作品呈现的效果。

二、设置池州方言调查点

在进行池州方言可视化设计工作时，需要详细地了解池州方言的使用情况，池州方言使用人群的分布情况，以及各个方言区域之间的差异。只有在清楚地掌握了池州方言使用现状和使用中存在的问题后，才能针对不同人群，针对发现的问题，制定池州方言可视化设计的具体方案。对方言使用人群情况的了解，也是在为池州方言可视化设计目标的制定收集有价值的资料。

也可以对其他渠道和平台或是相关专业人员调查的数据进行分析研究，来为可视化设计提供数据支撑。

除此之外，根据自身的调查研究实力，制定相应的调查方案。选用适宜的方法，在更短的时间内，以更低成本来完成调查工作。

三、广泛收集池州方言发音人的影音资料

对池州方言的保护，首先要确定准确的方言发音。随着社会发展以及科技的不断更新迭代，人们的生活方式发生了很大的改变，对于池州方言的使用频率也在逐渐减少。因此，池州方言的保护工作，可以先从收集原汁原味池州方言的发音开始。可以对方言进行记录，制成影音资料，作永久保存。

寻找年长的池州当地人，进行池州方言的发音录制与收集工作。有了第一手的资料，也为后面池州方言可视化保护奠定了基础。池州方言作为中国传统文化的一部分，涉及对大众宣传推广的重要工作，应当要保证最原始信息的准确性。

四、学校教育适当引入方言教育

根据《中华人民共和国国家通用语言文字法》规定，学校以及其他教育机构应当以普通话和规范汉字为基本的教育教学用语用字。但现代社会不断发展，对方言文化的重视程度逐渐加深，很多地方在课外或是利用课余时间，在方言知识的传授与教学方面做了诸多尝试性的探索。有些地方甚至在中小学举办了以方言学习为主要内容的课外活动。文化和旅游部会同教育部也在推动使用方言的非遗项目，如传统戏剧进校园的活动。安徽省在这方面也做了许多尝试，将非遗传承保护与文化交流和素质教育结合起来，推动非遗项目进入572所学校。

借着这个有利的契机，可以让池州方言与学生的学校教育结合起来，或是与学校课程相结合。例如，配以与课程相关的可视化配图，又或是在学校体育课教学中，配以池州方言可视化插图，寓教于乐，给学生的学校课堂学习增加了更多有趣的内容，同时也提升了学生的课堂学习效率。

五、池州方言在基层群众性文娱活动中的应用

国家十分重视语言保护工作，同时也很重视语言保护工作的宣传推广效果，力争可以吸引社会各界的目光，得到全社会的大力支持，不断增加语言保护工作的社会影响力。例如，举办"方言文化"校际公选课、方言微电影比赛、方言文创比赛、语保工程志愿者高校代言人等一系列群众性的主题活动。最终目的是要让语保工作的活动成果可以真正转化为全民语言资源保护的自觉性，使语保意识深入人心。

文化和旅游部也通过一系列活动加大对方言文化的保护力度。例如，通过非遗传承人研修研习培训计划和文化生态保护区建设等，不断增加对方言文化的推广范围，使人们可以更容易地接触到方言文化。

六、建设池州方言博物馆和池州方言网络档案馆

国家语委、教育部十分重视语言保护工作，鼓励当地结合自身的文化特色与资源能力，建立本地的语言文化资源库以及语言博物馆。目前，广西壮族自治区和浙江省已经建成地方语言资源平台，北京语言文化数字博物馆系统已经完成研制。

各地还积极支持相关高校建设语言博物馆，如广西建设的贺州学院语言

博物馆和广西民族大学语言博物馆，上海依托上海大学建设的方言文化体验展示馆等，湖南等地也筹建了语言博物馆。

  根据政策以及方言保护的发展趋势，池州方言可视化在记录与保存中可以更多地发挥地域文化优势，将池州方言中幽默诙谐的部分与现实生活场景相结合，或做成方言保护的宣传海报。方言本身就是人与人沟通的工具，将这一工具实用化、趣味化，是池州方言可视化设计工作的一个方向。

第六章　传统文化保护下的池州方言可视化设计实践

第六章　传统文化保护下的池州方言可视化设计实践

对于池州方言的保护与传承，将汉字进行图形化处理可以更好地表达文字的意义，同时也可以增加文字的意境。① 当今社会，人们越来越习惯网络生活，人们更喜欢图像的呈现方式；相对于文字来说，图片可以传递更加丰富的信息，并且传递信息的效率也更高，人们也更容易理解图片所传达的信息。此外，与图片搭配起来，也让文字的表达更具感染力。池州方言的可视化，就是将池州方言进行图形化处理，它是一个翻译转化的过程，通过这种方式，池州方言可以得到更好的保护与传承。

第一节　确立池州方言信息可视化实践流程

池州方言信息可视化实践的过程包括池州方言听觉到视觉的转译原则、转译方法以及池州方言文化语义的意向表达和诗意升华三部分内容。

一、池州方言听觉到视觉的转译原则

池州位于安徽省西南地区，基于历史因素，这里赣语、徽语、吴语、江淮官话等多种方言口音交织在一起，相互影响，相互融合，这也就使得池州方言与周围其他地区的方言有诸多相似点。② 因此，在进行方言的可视化设计之时，就应当充分考虑这方面的因素，利用池州方言自身所具有的独特特点，与周围其他地区的方言区分开，将池州方言的独特特点融入设计中。

在进行池州方言可视化设计的过程中，选取池州方言中具有独特性的元素，也就是将其中最具代表性的元素提炼出来，同时还要与日常生活的实际相结合。

---

① 赵海燕. 文字图形化研究[J]. 包装世界，2010（6）：64-65.
② 郑张尚芳. 皖南方言的分区[J]. 方言，1986（1）：8-18.

在进行图形化设计时，应当要保证所传达的信息的准确性，把文字的形、音、意恰当地表达出来，不可让阅读者产生歧义，要保证文字语义传达的高效性以及易读性，要合理地使用色彩，选取适当的图形，以准确表达信息内容。方言在进行文字表述时，遇到不能准确表达的情况时，可以结合拼音来进行设计，以准确地传达形、音、意。例如，池州方言中的词语"猫软"，意为很软；"胶严"意为很严实。这些日常用语运用比喻的方式，让原本的词汇更加形象生动。在方言字体的可视化设计中，如何合理地选取图形，如何才能更贴近文字所表达的内涵，是一名可视化设计师需要慎重思考的问题。再举一例，池州方言中"清丝丝滴"意为帅气的，一个简单的形容词，当地人可以为其添加上修饰时，可以让所形容的具体人物的形象具体而清晰。此外，在读音上还添加了拖音与语气词，更有生活气息，顿时给人以鲜活的画面感，同时也增加了趣味性。

池州方言可视化设计所要达到的效果就是让最后的作品具有画面感和趣味性，并传达设计的主题信息，让人们更容易接受和理解池州方言。不管是用文字，还是通过拼音注音的方式，都是为了让信息准确而又清楚地传达到目标群体中，达到宣传推广的目的。

二、池州方言听觉到视觉的转译方法

池州方言的可视化就是将语音或是抽象的文字转化为图形图像等可视化的信息内容，可视化效果中可以将图像与文字结合在一起，让文字不只有文字本身的字义，同时还有图形的丰富多元的信息。其中需要将文字的读音、字形以及字义综合起来，进行可视化设计，可以对构成文字的最基本单元进行重新组合，形成字体的形态，形成新的符号化作品。

方言的可视化过程类似于语言的翻译过程，就是将同一个信息在两个不同的形式之间进行转换，同时不能丢掉信息原本的意义与内涵，最大限度地保证信息的完整性。

（一）池州方言的插图设计

所谓的插图，也可以将其称作插画，原本是在文字之间进行穿插设计，以增加文字的可读性和趣味性，同时也起到对文字进行解释和说明的作用。但随着新的艺术形式的不断涌现，现如今的插画也已不再单单只是用来解释说明文字，而是可以作为独立的视觉艺术形式进行展示。插画也以其直观而具象化的视觉效果带给人们非凡的艺术感受。插画多在艺术效果呈现、商业推广与宣传、影视文化创作等诸多领域有广泛的应用。方言的可视化设计中可以利用插画的形式,更加生动地描绘文字所传达的内容信息,同时也可以挖掘地方文化中所隐含的更深层次的内容与价值,让人们更加深入地理解方言文化所蕴含的信息。方言可视化设计师应当充分利用插画带给人们强烈的视觉冲击,让方言可适应多元化的时代环境,增加其传播的效率以及人们的接受度。

池州方言可视化路径,主要是由方言到文字,再到图像,方言的语言通过可视化的方式,转换成图片或视频。针对不同的应用场景,池州方言可视化作品应当作相应的适应性调整,以期适应不同的场景、不同的人群。如针对商业活动,则可视化作品应当侧重于表现信息的准确性与易读性。若针对艺术表现,则应当侧重于审美表现力,信息的准确性与易读性置于相对次要的位置。

(二)池州方言的字体设计

文字经过数千年的演进,已由具象复杂变得抽象简单,对于字体的可视化设计是要对其中所包含的大量符号信息进行深度挖掘。如同用水泡发一个干木耳,可视化设计需要呈现出吸饱水后木耳原本的样貌。这需要方言可视化设计师准确把握方言所包含的信息,同时选取其中具有个性化的特征,让所呈现的可视化作品,在高效传播的同时,还能够容易地让人了解其所蕴含的文化内涵。

文字作为一种符号化的信息,可承载丰富的信息。文字由笔画构成,其也是信息的组成部分,设计者在设计时,可以在笔画上开始下功夫,寻求池州方言可视化设计的突破。在必要的时候,在保证文字信息准确表达且不会让观者产生歧义的前提下,设计者可以通过文字笔画的变形或是调整笔画的方向、粗细,甚至是构造,使文字的设计更具独特性,呈现丰富的艺术表现美。

1. 笔形的变化

笔画是汉字最基本的组成单元,文字的可视化设计可以从笔画入手,通过改变笔画形状、弧度、方向、粗细、长短等来进行设计。此外,在不影响识别度的情况下,可以通过共用笔画的手法增强整体效果;而化繁为简的方法可以让整个画面简洁、有力、重心突出；叠加重复的手法可以增强画面的表现力，让重点内容更加突出，增强画面的设计感。对笔形进行变化也是字体可视化设计中一种最基础且常用的设计方法。设计师在进行可视化设计中应当充分考虑方言本身所蕴含的深层意义，将字义或词义融入设计中，通过恰如其分的设计手法进行表现，达到不寻常的效果，如图6-1所示。

图6-1 池州方言可视化效果图

从图6-1可以看到，这是一组代表时间的池州方言可视化设计，分别代表"更子"——今天、"们子"——明天、"后子"——后天，对字体进行了笔形的变化、结构的变化，采用拆分造字法，使得字体更加活泼生动，并且对字体进行了点、线、面的排版，增加了字体的画面感，更利于后期的应用。

关于这件可视化作品在文旅衍生品上的应用，本章第四节中将作详细介绍。

2. 结构的变化

汉字有着自身的结构特征，汉字的这些特定的结构让人们形成了视觉上的习惯，设计者可以利用人们的这种视觉习惯，使人们在欣赏作品时，可以对熟悉的图形自发产生亲切感。但同时，设计者还需要把握可视化设计的分寸，不可为了追求熟悉感，而丧失作品的设计感，而不再进行视觉上的再创造与创新。同时，在方言字体设计中，可以选择异形同构的方法，用图形图像或是特殊符号，替换字体局部结构或是替换字体笔画部分；也可对笔画的形态进行变形处理，使图形表达出字体的含义，使图形的表达与文字的内涵表达达到形、神、意上的统一与和谐，使可视化作品呈现整体美的同时，增

第六章　传统文化保护下的池州方言可视化设计实践

加作品的表现力与情趣。

下面用一张图来进一步说明池州方言字体设计中的结构变化，如图 6-2 所示。

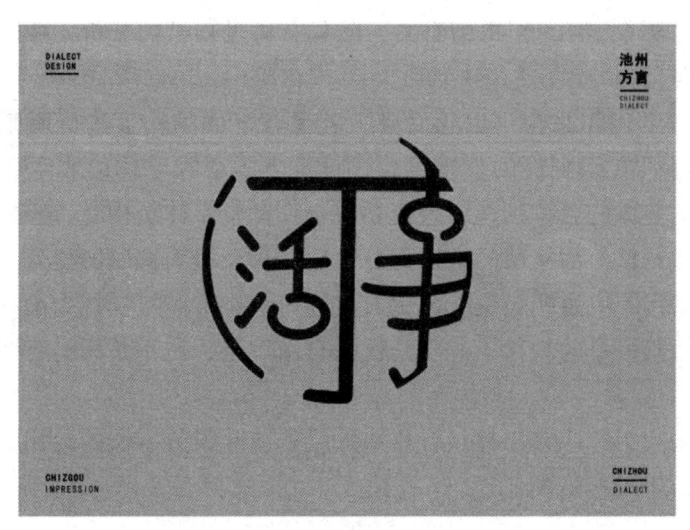

图 6-2　池州方言字体设计中结构变化案例作品示意图（一）

由图 6-2 可以看到平面中心位置为一个由"阔事"两个汉字构成的图案。"阔事"两个字为池州方言中的日常用语，两个字都经过了变形的设计，整体形成一个圆形结构，"阔"字前两笔——一点、一横，弯成左半边圆的弧形。右边的"事"字竖钩的上部和下部构成右半边圆的形状，"阔"字里的"活"字的"口"设计成没有封闭的活口，可能表示没事，还有出口。"门"字的横折钩部分中的横与"事"字的第一笔连成一体，属于共用笔画部分，使两个字看上去紧密而不勉强。

右边"事"字中的"口"部分没有让竖钩穿过，但也并不影响我们理解和认识这个字，这个"口"同样也没有封口，可能也是留了一个回旋的余地。"彐"部分中间的一横在平面内没有向右冲出边框，如此设计，也让整体的图案更显圆润，为了配合整体的圆形效果，这一横也向下轻微有些弧度。为了更好地适应整体的结构风格，两个字都调整了相应的结构和笔画特征。

设计者的整体思路与主题设想是为了贴合池州方言"阔事"两个字所表达的含义而设计考量的。因为可以灵活变通，所以会"没事"；因为留有出入口，所以也可以"没事"。不管是图案的整体效果，还是字体中部分笔画

· 135 ·

或部首的设计都很有讲究，都有目的性与指向性，最后统一到文字内容所表达的主题内涵上来。

这样看似简单的设计，可以让人看后不排斥，也不陌生，让人感觉"似乎我认识这两个字"，但再细看时，就只有通过自己的分析，才能明白文字所表达的含义。

由这一案例作品也可以感受到，若想在字体结构上进行调整，而又不改变其本身具有识别性的整体结构，设计者需要在字体的非主要构成上做调整，保证字体的可识别性。也就是说，在调整字体结构时，字体的关键部分可做轻微调整，而字体的次要部分可适当进行较大幅度的变化，当然这都要以字体结构不发生明显变化，保有字体可识别性和可读性为前提。字体结构的调整有其自身的规律，并不是任意自由调整，也不是天马行空式的奇思妙想。

下面来看另一个在字体设计中应用结构变化设计手法的池州方言可视化案例作品，如图6-3所示。

图6-3 池州方言字体设计中结构变化案例作品示意图（二）

从图6-3中可以很容易地看出，平面中心部分由"切饭"两个字构成。"切饭"是池州方言中最为常见的日常用语，意为吃饭，可以说每个池州当地人每天都会说上很多遍这个词。

可以很明显地看到，这两个字都在结构上作了相应调整，让字体呈现出的整体效果更方正，更有设计感，更有趣。

左侧"切"字左半部结构变动稍大，第二笔竖提笔画，原本顶出第一笔的横笔，设计者在设计时，将其出头的部分截去，最后呈现的效果类似于一个镜像的"丁"字，字体虽作了较大的变动，但并没有影响人们对这个字整体的认知，人们依然可以很容易地识别出这个字。"刀"字部分的一撇"丿"，将原有的弧度省去，设计成直来直去的直线，"刁"的笔画也作了拉直处理，呈现出真正方块字的特点。整体上"切"字形成了近似于正方形的结构。

"饭"字在左半边"饣"第一笔画"丿"，设计成上下贯通的竖，而第三笔竖提的最后末端水平画出，使整个"饣"部看起来像是一个人在房檐下躲雨。"饭"字右半边的"反"字部分，笔画也相应地作了拉直效果的处理，使得"反"字更像是一个吃饭的饭桌。"又"字的部分给人的感觉又很像饭桌下摆放的小凳。设计者将汉字象形的功能发挥得淋漓尽致。

从中我们也可以感受到，对于字体设计，可以通过结构的变化，让其更具有象形的意味，并且此设计要最大限度表现字体本身的意思。对于汉字来说，这种设计方式比较容易运用，因汉字在起源之时，就是仿照自然界中实际存在的事物而创造的；只不过经过漫长岁月的变化，后出于使用方便的考量，汉字进行了多次变化与调整，到如今，又进行了简化处理，与象形文字时期相比，形态上有了较大变化；但文字象形的特点，在一些汉字中依然体现较为明显，这也是设计者可以更好发挥的地方。

人们对于自己所熟知的事物大多会充满信任，若将人们所熟知的字形进行些许调整，在整体上并不破坏字体本身的基本构造，只是在一些不影响信息传达的位置进行变形，会让人感觉熟悉的同时产生新奇与独特的感受。之所以不可破坏字体的整体性，是因为这样做可以让观者产生一种熟悉的感觉，然后进一步了解相对陌生的新奇的事物。这种熟悉的感觉类似于炮仗的引线，假若没有引线在前，威力再大的炮仗也终究不能炸响。

3. 图底共生

图底共生也可以称为"正负形"，设计者设计时既考虑正形，又考虑负形，正形和负形相互借用，相互依存。因此，设计者在进行池州方言字体设计之时，可以有意识地调整字体的正形与平面白底的负形之间的相互关系，有意识将象形图形融入其中，通过图底的空白来呈现可视化作品中的第二层图形的意象。这种手法可以充分利用平面背景的留白，同时结合文字的含义表达，增加图片的意象，增强了呈现的效果。在增加平面整体设计感的基础上，可将具有视觉冲击力的画面感传递给受众，同时还可增加作品的内涵和深度。

可以将图底共生的效果看作是印章中的阴刻，阴刻是将文字刻成凹形，印章所呈现出的字体效果是由图底衬托而出，与阳刻直接表现字体的笔画正好相反。因此，充分利用图底部分，可以让字体呈现出的可视化效果更具表现力。

对于设计者来说，平面上的每一平方毫米面积都是有意义的，可资利用的。通常中心重要区域被利用次数较多，而对边角进行设计利用的则寥寥无几。当然，平面上中心区域的位置最为重要，但边角位置如果能充分利用起来，同样也可以发挥重要的作用。正如人面部的五官一样，看一个人的样貌，通常会注意到这个人的眼睛、鼻子、嘴这些位于中心位置的器官，而对于耳朵的关注则少得可怜，但这并不代表耳朵就不重要，耳朵同样起到平衡面部五官的作用。因此，设计者在可视化设计同质化严重的今天，可以尝试对平面上各个区域进行设计，兴许会有不一样的惊喜。

设计者当然有自己的设计逻辑，有自己的规律以及惯常流程，但有时想要有新的创意与想法，不断地尝试新的事物，探索新的领域，尝试运用新的设计思维，可能是一条寻求突破的路径。设计者永远不可拒绝新生事物，永远不应拒绝尝试。

三、池州方言文化语义的意向表达和诗意升华

汉字作为表意文字，其中蕴含着丰富的信息与情感。数千年来，汉字的不断演化，以及每一次历史的变迁、社会发展、文化交流等，都可能体现在汉字或是语言之中，每一次演变也都使汉字或语言更具有当地的地域特色，同时也更能体现出当地所特有的思想意识与文化内涵。因此，设计师在进行池州方言可视化设计之时，应当尤为关注方言语义中的意向表达，让作品中所呈现出的意象能为受众所接受。设计者首先要先让自己投入作品之中，使作品先打动自己，而后才有可能打动受众。

文字也是一种生命的符号。从仓颉造字开始，汉字就把能见事物，如日、月、星、草、木、兽等，也包括人类自己，描摹了出来。汉字演变至今虽已褪去诸多象形元素，趋于简化，可我们仍能感受到其背后的生命力量。我们准备写下一个字时，是否意识到一个有灵性、经过了千百年进化的生命符号将会跃然纸上？如果多了一层这样的感知，我们与它之间的关系是不是

也会有所变化？

　　设计者应当对文字有更深的认识与理解，感知文字本身的生命与活力，对文字心存一份敬意。池州方言是一种地域化的语言，融入了更多地域文化、人文、生活习惯，如果细心品，就能从池州方言的文字与语音中充分感受到历史变迁与人事变换所留下的痕迹。

　　文字是历史的反映，是社会发展的反映，是人事的反映，是事物变化的反映，而将池州方言进行可视化设计是否也是对历史、社会发展、人事、事物变化的可视化？万物之间都有联系，万物之间都有规律与逻辑。设计者如何利用好这之间的联系是一个值得思考的问题。

　　池州有着诗城的美誉，在池州方言可视化设计中进行语义表达时，可以借鉴中国古诗词的情感表达方式，在最后作品的呈现方式上融入更多的想象与联想的成分，可以通过大量谐音、比喻、借形等表现手法，使文字的可视化效果展现更多的思想内涵与情感元素，达到诗意与美的升华。通过比喻可以将大众感到陌生的内容转化为容易理解与识读的内容。设计者如果选用一个恰当的比喻，可以为所设计的作品增色添彩。若谐音手法使用得当，可以增强作品趣味性，给受众留下深刻印象。例如"池州方言"的字体设计，如图 6-4 所示。

图 6-4 "池州方言"字体可视化示意图

　　由图 6-4 可以看出，设计者首先从整体上对字进行了化繁为简，让池州方言可视化作品整体呈现出简洁与干净的效果，给人以赏心悦目的感受。平面中"池州方言"四个字在笔画的弧度、粗细、长短等字体元素上进行了变化，其设计基于池州独特的地域形象。池州地处长江流域，有数量繁多的地下水系，并且有着充足的降水量，因此有着美丽宜人的环境，居于此地的人们会感到格外舒适惬意。因此，在字体笔画的选用上，设计者采用平滑的字体形态，字体结构也犹如长江水系一般绵延悠长，圆润的笔画给人一种舒适自在之感，字体的整体构造也更为匀称且饱含艺术性。整个设计也完整地呈现了池州悠久深厚的文化底蕴，以及优雅别致，诗画同生的江南水乡的独特形象。

诗是语言的结晶，语言是文化的结晶，文化是人类历史发展的结晶。借助诗城的得天独厚的优势，设计者可以尽情发挥想象力，将池州诗意的性格表露出来。三上九华、五游秋浦的李白为池州写下了数十首赞美池州的优美诗篇；晚唐杜牧在池州为官时，为此地写下了千古绝唱的《清明》，池州杏花村也因此名扬海内外；白居易、陶渊明、王安石、苏轼、包拯、文天祥、岳飞、朱熹、李清照、陆游等许多文人雅士也曾游历池州山水，留下了数千诗作。

借助这些诗史上的大家的巨大影响，设计者大有可为，借助诗作的影响力，配以通俗易懂的池州方言，恰到好处地展现诗与生活，与池州文化结合。这种结合应当是顺理成章的，因这些诗作所描绘的就是池州当地的人文与自然，置身于这样的场景，自然设计出池州方言可视化的作品。

文字与诗固然是人类的伟大创造，但从另一面看，这也是人对周围事物感知、联想、升华的结果，是真诚的表达抒发，是大自然美的另一种呈现方式。"大漠孤烟直，长河落日圆"，展现了塞外边关的壮丽风光。"枯藤老树昏鸦，小桥流水人家"，描绘出一幅凄凉动人的秋郊夕照图景。王国维所谓的"不知一切景语，皆情语也"，道出了情感、自然、文字是融为一体的。

设计者应当更深入地了解池州本地的文化，体味多彩而又有丰富内涵的池州风土人情。中国传统文化和池州地域文化，从表面上我们只能感知一二；只有平心静气，通过个人的体察，来深刻地感知。设计者所设计出的可视化作品，很大程度上展现了其自身的内涵，所以设计者应不断充实与完善自己，而后作品所呈现的就是自己想要的样子。可以说，如何更好地呈现作品，也就是如何更好地呈现自己的过程。

借用萨都剌《重过九华山》这首诗中的句子——"相逢桥上无非客，行尽江南都是诗"，若有一颗美的心灵，全世界都会充满美。

第二节　实现池州方言字词信息可视化

　　文字的可视化是对文字的笔形进行再设计和再创造的过程，通过多种手法来取得可视化效果的艺术形式，其中适形手法可以将笔形与文字本身的含义相连接，意与形做到完美结合；打散手法是将复杂的文字结构重新拆解，化繁为简，通过设计突出局部特征；共用手法是一种较为常用的设计方法，可以将邻近的两个字或是几个字，其中相近的笔形或是相同的笔画以共用笔画的方式来呈现，让两个或是多个单独图形更具有整体性，同时也可体现出独特的设计美感。除此之外，还有置换、增减、借用等手法，在文字的可视化设计之中运用，可以使作品呈现出的可视化效果更加丰富多变。这些手法可以单独进行使用，也可以彼此之间结合起来使用。但设计之时，需要注意设计手法的使用需要与文字整体的重心、空间结构、笔形分布相适应，同时也不能过度考虑文字的易读性与识别性。除了这几点之外，还要保证设计作品有丰富的内涵、多样化的形式以及多变的手法，使其成为具有独特艺术性的文字作品。

一、文字图形化的起源与流变

　　唐代张彦远在《历代名画记·叙画之源流》中记述了中国汉字与图画之间的关系："颉有四目，仰观垂象。因俪鸟龟之迹，遂定书字之形，造化不能藏其秘，故天雨粟；灵怪不能遁其形，故鬼夜哭。是时也，书画同体而未分，象制肇始而犹略。无以传其意，故有书；无以见其形，故有画。"可能在人类有意无意地开始用符号记载历史与文明之时，这些或简单或复杂的符号，可看作文字，也可看作图形，文字与图形之间的关系就可以一直延续数千年时间。文字图形化的发展历史大致可以分为三个时期，即混沌时期、发展时期以及成熟时期。其中混沌时期与文字的发明和创制时期几乎是同一时期，大致从原始社会开始，一直到奴隶社会末期，这一时期以象形文字为主。文字最终成为文明的起源前，经历了结绳记事和以图形进行记事的阶段。而通过图画来记录事件可以看作是文字图形化的开始，人类利用原始岩画、原始壁画、原始陶器上的图画传递着当时重要的信息，而这些象形的图画同时也是中国汉字的最初形态。总体来说，从文字诞生的时代开始，一直到现在，图形一直与之相伴，世界上三种最为古老的文字甲骨文、象形文字、楔形文字，都是由最初的图形发展而来的，是高度概括了的记事符号。

在文字图形化的发展时期，文字呈多样化发展，这个时期大概在封建时期，文字体系渐渐趋于成熟，并且从原始图形中独立出来。与此同时，文字也增添了装饰性的作用。例如，春秋战国时期出现的鸟虫书，就是在篆书字体的基础上添加了鸟形与虫形的装饰性图形。如此一来，文字更具有图画的特点，文字从图画演变到此，而又通过装饰性的修饰再进行加工，仿佛使文字恢复至象形化的阶段，文字与图形之间的微妙关系如此可见一斑。纵观西方文字图形化的发展进程，大约在中世纪时期，手抄书中的字母文字被装饰得十分复杂，设计者将各种元素融入文字之中，人们日常生活可见的花鸟鱼虫以及人物形象等与字母进行变形组合，其中文字所起到的作用也主要是装饰性的作用。

文字图形化的成熟时期，与设计史体系的发展时期相重叠，这一时期的主要特点是，文字设计是视觉传达设计的主要内容与方法。文字不只是信息的载体，它还具有传达一定情感信息的作用，并且这一作用随着设计的不断发展逐渐形成一套完整的体系。如今，在艺术设计专业中，字体设计已成为一门必修课程，其在海报设计、书籍封面、产品包装、建筑装饰、服装设计等方方面面的广泛应用，也在不断推动这一专业的向前发展。

二、文字图形化的原则和方法

文字在进行图形化设计时，需要遵循一定的原则，如借用、共用、增减、打散、置换、适形等，可以将图形重新组合成文字，文字重新组合成图形，借用文字笔画，或是打散文字的笔画来实现文字的可视化。将文字组合成一个图形是将多个文字组合成一个图形或是图像，这在版面设计中较为常见。例如，中国古建筑影壁上的《百寿图》是由一百个不同书法字体的"寿"字组成的图形，以此来表现所居主人渴望延年益寿和身心康健的愿望。而现代的版面设计中，把中文与英文设计在一个画面中，构成不同意象的图形，这些文字设计的手段都是适形原则最好的范例。

古时的绘画作品中，将图形重新组合成文字时根据文字的外形特点，将文字笔画用与图形有紧密关联的元素进行置换或是直接依附于文字之上，以达到对文字进行的设计的目的。例如，中国民间剪纸艺术中"福"字的设计，只保留"福"字的外边框，而在其内部进行文字的设计或是置换为图形,文字左半部分可以运用寿桃和石榴等进行装饰,以象征多寿和多子;文字的右半部分可以用牡丹、蝴蝶、金鱼来进行装饰,以象征富贵、吉祥、金玉满堂,同时也可以丰富人们的视觉感知。

  工艺美术家莫里斯在19世纪所设计的书籍,文章的首字母由卷草纹来进行装饰,既可以突出文章的重点内容,同时也使文章整体更具美感。借用是根据文字所表达的意境,将文字中的一笔笔画或是几笔笔画替换成图形等,以达到装饰文字的目的。例如,中国古代民居中的石雕装饰中,用图形与"梅""兰""竹""菊"四个汉字进行结合,设计出门枕石。"梅兰竹菊"被誉为花中的"四君子",高尚雅致,自成一格,不管遇到怎样的雨雪风霜,都不影响其逸致幽芳。将图形与"梅兰竹菊"的文字结合起来,呈现出一派典雅自适的效果。西方在文字的设计中也常使用借用的手法,如花体字设计的手法,即把英语词汇中某一个字母的笔形进行变形或是夸张的设计,而后再与卷草纹进行结合,可以呈现出极致的美感。

  文字图形化的另一种设计手法是将文字笔画打散,这一手法源自20世纪60年代的解构主义,其手法是将自成一体的图形彻底"打散",选取其中的一部分或是具有美感的线条,而后进行重新组合,整合为一个新的画面。这种设计手法同样也可以应用在文字的笔画设计上,也就是将整个文字按笔画进行拆分,将文字中的一个笔画或是一个局部作为一个拆分单元,而后再对所有最小的单元进行重新整合,使之成为一个全新的具有设计美感的文字设计作品。这种手法的应用可以打破文字本身字义所带来的设计束缚,设计者可以不拘泥于文字本身的内涵,而可以将"打散"的笔画文字作为一种新的视觉符号,重新对其进行设计。例如,靳埭强所设计的文字海报,将文字的笔画作为一种新的设计元素进行使用,摆脱了文字字义的束缚,使得最终所设计出的视觉作品充满设计感与现代内涵。

第三节 池州方言可视化设计效果呈现

  这一节就具体池州方言可视化设计的作品,从整体和局部进行详细的分析,以进一步解读最终呈现出来的效果。在这一节中可以体会到设计者通过什么样的手法来实现设计思路,而最后在整体上满足设计需求的。

  如图6-5所示。

乡音传承：传统文化保护理念融入池州方言可视化设计研究

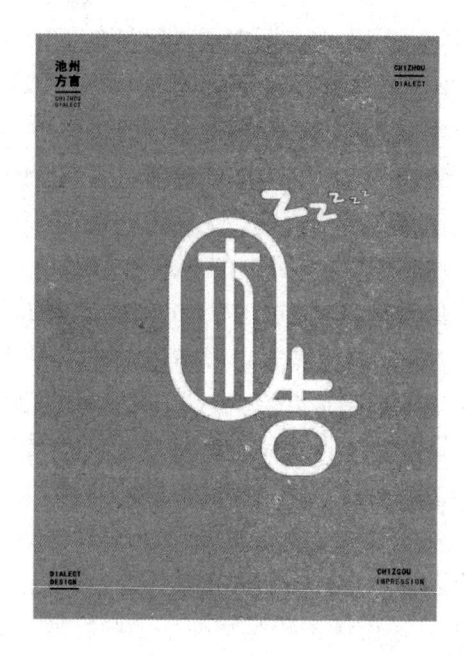

图 6-5　池州方言"困告"可视化效果示意图

从图 6-5 可以看出，池州方言可视化效果示意图中的核心部分为池州方言"困告"组成的图形，"困告"意为睡觉。背景色选取了浅灰色，很好地贴合了睡觉的氛围，画面整体十分简洁干净，没有多余的信息干扰，池州方言的关键信息置于中心位置，重点突出，四角的创作标识和信息，设计成小字体，没有喧宾夺主。"困告"艺术字选用了白色来进行呈现，给人一种平静安宁的舒适感。"困"字边框设计为椭圆形，仿佛一个困意十足的人在张嘴打哈欠。"困"字右上方代表人睡着的典型符号"Z"，由大到小逐渐向右排开。"困"字整体上看，又像一张床，中间的"木"代表了床板，造型偏具象化，形象而生动，将"困"字与人睡觉的场景完美地结合在一起。

"告"字设置在"困"字的右下角位置，"告"的第一笔画——"丿"与"困"字的外框共用笔画，像是一个人没有了力气，只得靠着床，准备睡觉。如此设计的另一个意图是让画面中的两个核心字连接为一个整体，加深设计感。"告"字下半部的"口"字，像一个半张着嘴的人，困意来时，懒洋洋，有气无力的样子。

整个可视化作品，静态与动态相结合，重要内容与次要内容有明显区分，色彩搭配统一而协调。图形的选择贴近能体现词义的真实场景，通过图形的变化，让方言与现实情景完美结合，所呈现出的可视化效果给人产生的

第六章 传统文化保护下的池州方言可视化设计实践

视觉冲击力更为强烈。

如图 6-6 所示，再来看一个设计风格灵动的可视化作品。

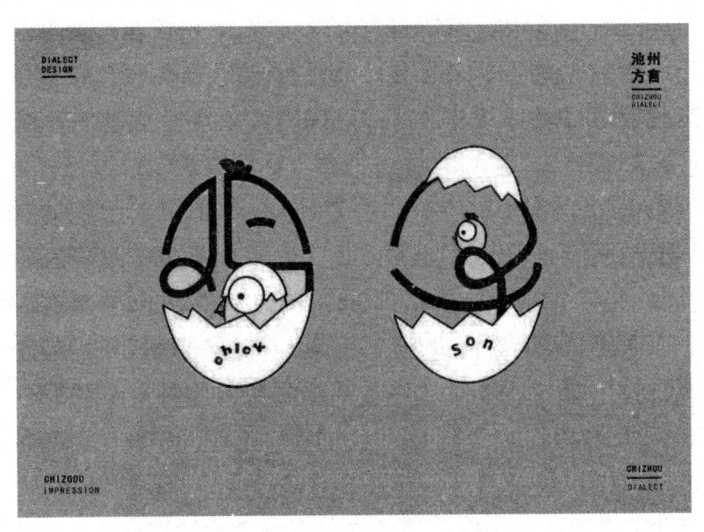

图 6-6 池州方言"鸡子"可视化效果示意图

从图 6-6 整体上看，画面中心位置是由池州方言"鸡子"二字构成的两个图形——两个椭圆鸡蛋造型。左边的"鸡"字包裹在一个半块的白色破碎蛋壳中，一只黄色小鸡顶着半片蛋壳露出脑袋，张着大眼睛，看着这个新奇的世界，其萌动可爱的神态，让人想捧起它，仔细端详它的娇小可人的样子。"鸡"字左半边"又"字被设计成鸡嘴的样子，由一条主线勾勒出鸡嘴的轮廓，下部巧妙的卷曲线条以及黄色的色彩填充，恰好置于小鸡目光前方，侧面烘托出小鸡懵懂天真的神态。"鸡"字右半边"鸟"字第一笔画"丿"，设计成母鸡鸡冠造型，红色的点缀让整个画面更加灵动活泼。"鸟"字第三笔的点——"丶"，设计成向下弯曲的闭眼形状，似乎是一只母鸡在看到自己的小鸡宝宝出壳时，开心满意得眼睛眯成了一个月牙状，从母鸡眼睛的设计中，可以感受到母鸡妈妈慈祥满足的神情。母鸡的形象与下方破壳小鸡的形象结合在一起，小鸡在母鸡妈妈的呵护下，不再惧怕任何危险，而母鸡对此也十分骄傲。白色蛋壳锯齿状的边缘设计为"鸡"字最后的收笔的一横，巧妙且自然，整个"鸡"字设计得十分灵动，同时也没有生硬的过度设计的感觉。

右边破壳的小鸡设计得比左边的小鸡要小，置于"子"字的中心位置，鸡身由"子"字粗线条笔画绕曲而成，填充上黄色，与整个小鸡的造型完美

· 145 ·

结合，构图巧妙、精细。懵懂的大眼睛看着前方，红色的小鸡冠顶在头上，与鸡身鲜艳的黄色搭配在一起，让画面充满活力。小鸡头上白色蛋壳，像一个保护伞，呵护着小鸡不受外界的伤害。"子"字用简单的线条描摹出整体形象，同时"子"的构造将蛋壳撑开，孵出小鸡。

左右两边的下方的蛋壳上分别写有英文"chick""son"，都指代小鸡的意思。池州方言"鸡子"可视化设计作品，并没有简单地设计成鸡蛋的形象，而是在鸡蛋之外，还融入了小鸡孵化的场景，以及小鸡破壳而出后的样子，让原本静态的画面有了动态的效果，增加了画面的动态效果。可视化作品整体上是两个鸡蛋的造型，让人第一眼看到时，就清楚明晰池州方言"鸡子"所要表达的意象，无需再进行解读。而后再仔细端详时，又会感受到设计者诸多细致的用心之处。作品不管从构图的疏密程度、色彩的搭配与点缀，还是在图形、线条，甚至是点的处理上，都在一个整体效果的表达基础上，将各个局部的元素配合作品主题的整体性。

作品可以应用于农产品店面的广告宣传，或是旅游景区的餐厅的菜单或窗口位置。

再看一个巧妙的可视化设计作品，如图6-7所示。

图6-7 池州方言"耳刀"可视化效果示意图

从图6-7的中心位置可以看到一个圆形的图形设计，这是池州方言"耳刀"两个字经过笔画上的变化形成的，整个画面简洁、干净，没有多余的无效信息。从池州方言中提取的"耳刀"这个词意为耳朵，因在日常生活中应用较为广泛，同时耳朵也是人身体上一个重要的器官，人们在日常生活中的交流和沟通都需要用耳朵接收声音信息。"耳刀"在这件作品中还有另一层含义，池州方言在日常生活中，都是通过说话的方式，进行信息的传递。耳朵属于声音信号的接收器官，因此耳朵也可代表声音形式的池州方言。而将"耳刀"一词进行可视化呈现，则意为池州方言可视化保护。

"耳刀"在生活中意为耳朵，将两个字组合成一个圆形，一方面使两者成为一个整体，并将次要信息置于四角，设置成小号字体，更容易将欣赏者的注意力集中在画面的中心位置。"耳"字的造型更像是一只耳朵，字义与现实中所指代的事物相互吻合，统一在一起，设计得十分巧妙，让字形更加形象生动。"刀"字的一撇与"耳"字的最后一笔——横，共用笔画，构成一个整体，使整个画面更为协调一致。"耳"字中间部分，更像是耳朵构造中复杂的结构，让耳朵的造型更为形象，近似具象化的设计，很容易让人将其与真实的耳朵相联系。"耳刀"二字的外围边框并没有完全闭合，虚与实相间的设计，既显出意境，也不显刻意。整个字体选用单一的颜色——黑色，显示出设计者对作品的自信，不需要丰富的色彩填充画面，就可以体现设计的主题。

这件池州方言可视化的作品可以放置于需要安静的场合，如餐厅、景点的休息区、学校教室、办公场所、医院等，提示人们多用耳朵倾听，保持安静。

第四节 打造池州方言信息可视化的文旅衍生品

社会飞速发展的同时，文化也受到越来越多人的关注，因此文创产品的兴起也就不足为奇。文创产品是以文化为根基进行产品的创新设计，设计者需要对文化进行深入的理解与剖析，进而设计出具有深刻文化内涵以及艺术美感的创意产品。近些年，中国经济蓬勃向上，推动了产业集群的形成和发展，带动了各个行业领域的创新发展，使得一个求新求变，多元、包容、开放、锐意的文化生态体系迎来了一个发展的绝佳时机。文创产业发展的关键就是文创产品，文创产品所指的绝非表面上理解的文化与产品的简单融合，也并非单纯含有传统工匠精神的产品，更多的应是面向消费市场的需求，以市场为导向，将地域文化与产品创新结合起来，以最新的科技为依托，将几方面关键因素进行整合，最终形成具有市场影响力，并兼具文化特色与内涵的创意产品。在新时代的背景下，文创产品应当更多地融合地域文化的基因，在兼容并蓄的同时，更要融入创新元素，将地域文化转化为产品，以迎合消费者不断增长的创新需求，同时更要体现出中华民族群芳竞逐的良好文化氛围与文化自信。

一、地域文化特征与文创产品的发展

（一）地域文化特征

中国从古至今就有着独具特色的地理地貌以及多姿多彩的人文风情，这也是中国千百年来灿烂悠久文明的精华所在。这些独具魅力的地域文化在保有共性的同时，也都存在自身不可磨灭的个性，彼此之间存在一定的文化碰撞，但更多的是更深层次的融合。其特征可以总结为区域性、多样性、融合性与长期性。

1. 区域性

所谓"一方水土养育一方人民，一方人民孕育一方文化"，其所描述的就是地域文化中最为显著的特征——区域性。中华文明自形成以来，不断发展与变化，因自身广阔辽远的国土面积，而使各地的文化各具特色，而地理地貌的不同使各地形成了较为明显的区域性差异。例如，具有鱼米水乡特色的吴文化，其主要的文化为"才智艺术型"文化；以喀斯特地貌为特色的云贵高原文化，其主要的文化包含多种少数民族文化。

2. 多样性

"百里不同风，千里不同俗"所描绘的就是中国地域文化所呈现出的多样性。究其原因，一方面是因为中国历史上，不同政权或民族轮流进行统治，使得传统文化在传承的同时，又在不断融合新的民族文化，所以文化在变化与融合之中保存至今；另一方面是因为地质地貌、自然环境、政治文化、风土人情等因素构成了中国地域文化重要的组成部分，自然因素与人文因素充分融合，推动着中国地域文化的创新发展。

3. 融合性

从古至今，闭关锁国是制约文化发展、阻碍思想交融的主要成因。中国历史的发展虽不是一帆风顺，存在着诸多波折，但文化得以延续，且仍保有鲜明且灿烂的特征，这主要与地域文化之间的相互融合渗透以及中国文化所具有的兼容并蓄的特质有关，中国文化并不排斥外来文化，甚至可以将外来文化有取舍地融入中国文化之中。

4. 长期性

在中国几千年的历史发展中，地域文化在长期的发展与演变中形成了自身独具特色的魅力，由于人类在其中发挥着不可忽视的作用，因此也造就了丰富多彩的地域文化。地域文化的长期性的其中一个方面的体现，在于地域文化和地理环境推动人类社会不断向前发展，人类创造文明的同时，文明也在深刻地影响着人类的行为，人类与所生存的环境以及所处的文化环境之间，在不断融合与影响之中向前更新发展。

（二）文创产品的发展现状及趋势

文创产品是将文化与创意相结合，所进行的产品创新设计。近些年，国家对于文创产品的设计与研发更为关注，一方面国家愈发重视中国传统文化创新；另一个方面，也体现出国家的文化自信。纵览中国数千年的文化发展，从大唐盛世到古丝绸之路，都充分地彰显出国家的文化自信，由此也可看出中国对于文创产品的重视程度。此外，随着国家综合国力的提升，国家对于文创产业的扶持力度也在不断加大，各地方也在不断加强自身文创产业的发展，或是通过创建文创产品品牌的方式，与文物保护单位或是博物馆进行合作，提升消费者的观赏以及使用体验，打造具有地域特色的文化品牌和形象。

若要使文创产品避免同质化，从质量上实现产品升级，则必须以市场和消费者的需求，以及池州当地特色的地域文化为导向。例如，故宫博物院的文创产品"千里江山—书峰立"的金属书签，其设计灵感源自宋代的著名画作——《千里江山图》。这幅名作用写实手法来表现大川大山，描绘了在滔滔江湖之间屹立着群山重峦，画中山峦与江湖取材于鄱阳湖地域内的庐山群峰。"千里江山—书峰立"的金属书签设计理念，是将庐山的奇特山峰、峻岭重山、静谷幽峡、异石灵洞等独具匠心的地域景观完整写意地呈现在人们眼前，巧妙地将山峦与雄壮开阔的长江、波光粼粼的鄱阳湖构成壮美的画卷。将中国传统绘画中寄情于画的艺术表现手法，通过现代文创设计理念，呈现在产品之上，通过设计，使消费者在有限的平面之上饱览山峦叠翠、江水无垠的壮阔景象。

文旅产品以及文创产品是旅游文化中重要的组成部分，其收入也已成为旅游收入的主要来源，相关产品的消费在旅游业创汇以及旅游购物中占有较高比重。在旅游业发展成熟的地区或是国家，其旅游纪念品在旅游总收入中的占比通常为30%以上，有的占比较高的地区或国家甚至可以达到50%上下。文化与旅游的有机结合大多体现在文化与旅游景区的单一结合上，而人们对于旅游生态系统中的文旅产品的关注程度还不够。文旅产品的开发与设计还有诸多有待提高的地方，主要涉及以下几个方面：

1. 大同小异

如今文创产品之间并无太大区别，各地区文旅产品趋同现象较为明显。很多文旅产品大同小异，也无明显的品类区分，缺乏设计感，更无独创性，不足以吸引游客的注意。表面上看，这是由于文旅产品创新不足导致的，但其深层次原因是缺乏文化内涵，没有很好地将地域文化元素融入产品设计之中。

2. 创新缺失

文创产品设计相互模仿、相互抄袭的情况不断出现，加之产品创新力度不够，使得文创产品不管是在质量、还是在技术含量上都存在明显不足。创新设计是文创产品发展的根本动力，文化赋能可以推动文创产品的核心价值构建。如今，文创产品跟风设计的现象较为普遍。有些企业出于产品成本的考量，在进行文创产品设计时，只是单纯在原有的产品上添加文化元素，而没有充分地将地域文化融入产品设计的各个层面。一个好的文创产品应当在产品研发的各个环节都充分考虑文化内涵、工艺技术、设计理念、产品功能等多方面的因素，产品应当兼具功能、审美、文化属性。文创产品也不应过度进行商品化，而使其失去最根本的地域文化特色。此外，文创产品的开发者与商家也不应过度追求表面的经济利益，而应当在保证产品质量的前提下进行产品的宣传与销售。

3. 不能满足市场及消费者的需求

导致这一情况出现的主要原因是在进行产品设计和开发之初，没有充分做好对市场的调研工作，对地域文化的理解不足，对整体市场情况没有准确而专业的认识。来自不同地区或是国家的客户群体，其文化背景、消费能力、价值取向以及审美趣味等方面均不尽相同。文旅产品多是游客用于馈赠亲友或是独自保存作纪念之用，倘若文旅产品在质量上就不过关，就很难给人留下良好的第一印象，游客自然也不会产生强烈的购买欲。有些文旅产品的外观或包装过于简单，有些文旅产品的设计理念难以让人理解，而有些产品只能作摆设之用，使得文旅产品的整体使用价值和艺术性都较低。

4. 品牌意识缺失

文旅市场仍旧存在各种不规范的市场行为，市场秩序有待进一步规范，文创产品的准入门槛较低，产品质量无法得到保障，进而文旅产品的销售无法形成一定的规模。文创行业也未形成专业化、品牌化的格局，消费者在选购文创产品时，品牌认知度不够，没有具有较强竞争力的产品品牌引领行业发展。山寨以及低质的商品占据着市场资源，这也严重影响了原创产品的研发积极性。

（三）融入地域文化的文创产品设计的可行性

如今的文创产品发展日新月异，种类诸多，如旅游纪念品类、工艺美术类、书画艺术类、动漫游戏类、传媒出版类、影视音像类等。其包含了更多的文化元素，在将地域文化融入其中的同时，更大程度上提高了文创产品的附加值，更好地满足了消费者的需求。伴随文创产业的快速发展，以故宫博物院的文创产品为代表的文创产品，以其深厚的文化内涵独树一帜，受到消费者的追捧。但市场上多数的文创产品创新不足，文创产业发展也较为缓慢。一是在产品设计上形式单一，只有外观上的简单设计，文化元素较少；二是在利用地域文化元素上缺乏创新点，没有深刻挖掘地域特色，设计者没有更为深入地理解与认识地域文化。因此，如何充分地利用地域文化的优势，而又兼顾消费者需求，是设计者亟待解决的问题。

2017年中国酒业年度网红——金六福"一坛好酒·喜坛"的包装设计，就区别于传统的酒类包装设计。"一坛好酒·喜坛"是一款更适合年轻人的

来自四川邛崃地域的"浓清兼香"型白酒产品，在设计中充分考虑到了四川邛崃地域作为茶马古道的发源地，其历史悠久的陶艺、竹编、剪纸、石刻等延绵不绝的秦汉文化，因此在对"一坛好酒·喜坛"的包装设计上，选取了四川邛崃地域文化中的剪纸文化中的蝙蝠、石榴、寿桃、鸳鸯、喜鹊、牡丹等纹样，将其符号提取并抽象化，运用于字体设计之中，再加上寓意祥和喜庆的中国红的瓶身设计，表现出浓烈的中国剪纸民俗文化意味，颠覆了中国白酒产品格局的同时，用设计俘获年轻消费者的心，创造了现代白酒设计的流行趋势。

由此可见，将中国地域文化融入文创产品的创新设计中是可行的。

二、地域文化视角下的文创产品设计策略

（一）文化促进创新

所谓文化促进创新，主要指的是通过文化语言符号化、地域文化现代化和功能符号内涵化来促进文创产品的创新设计形式。通过将抽象的文化语言符号化，使得一些晦涩难懂的传统文化得以符号化处理的同时，保证文化的传承和弘扬。

1. 文化语言符号化

文化语言符号化，是要对中国千年以来的诗歌、绘画和民俗等文化形式进行解读，再用符号化的设计形式表现出来。例如在中国受到推崇的道教文化就有广为人知的"八卦"符号，而八卦有着平衡天地、包罗万象和和谐共生的寓意。因此，在对文创产品进行创新设计时，可以考虑提取八卦盘最具有代表性的六边形作为文创产品的形态元素，将道教文化语言得以符号化的同时，六面体的多面性也可使得文创产品的外观形态区别于传统的文创产品。

2. 地域文化现代化

在中国璀璨的文化中，留下浓墨重彩一笔的当属民俗文化。中国民俗文化包罗万象，如民俗传说中观世音菩萨、财神爷和嫦娥等传说都寄托着人们对于美好生活的向往。这些民俗文化虽广为流传，但对于现代人却显得陌生而遥远，只有通过搜集资料才能对其典故有较为详细的认识。因此，如若在

设计中对其形象或是寓意以现代化的形式来进行表现,可以让更多的消费者对民俗文化产生兴趣,从而促进地域文化的宣传和保护。

3. 功能符号内涵化

现有的文创产品为了迎合"文创之风",在设计时运用"文化符号",从而"成就了"所谓的"文创"产品。因此,为了强调文化促进文创产品的创新形式,可以考虑将产品的功能符号进行内涵化的处理。例如,道家文化中的"八卦"符号,其六边形的图形元素可以作为文创产品的形态元素,还可以借用足球的造型将六边形设计为立体造型,可以将六边形设计为里外两面,结合产品的实用功能,一方面使产品的功能与文化元素相结合,一方面将抽象的图形与产品本身的形态构造相结合,将各种因素有机地结合在一起。

(二)审美促进创新

社会的快速发展使得同质化且缺乏新意的文创产品已无法再吸引消费者的注意,因此可以通过审美促进文创产品的创新形式,通过多样化和现代化的产品形式,丰富文创产品,传承并弘扬中华优秀的地域文化。

1. 审美风格多样化

如今的文创产品设计,不再是单纯的使设计形式具有一定的审美性,而是要丰富产品的风格形式,开发出满足现代人"快速""多变"和"多元化"等喜好的产品。如今的新生代在社会快速发展的背景下,热衷于"网红"和个性化十足的事物,尤其在对产品的选择上,倾向于色彩鲜艳的系列化产品,因此在设计中除满足其审美需求以外,还需丰富产品的设计形式,可以考虑以系列化的方式出现,使产品具有创新性的同时朝多样化的方向发展。

2. 审美形式现代化

一直以来坐拥文创产品半壁江山的故宫博物院,其极富生命力的设计,完美地将中国传统文化和民间传说等以现代化手法再现。然而在中西方文化高度融合的今天,单纯地再现地域文化已无法满足消费者的审美需求。例如,世界四大博物馆之一的大英博物馆,推出了埃及法老、西洋棋子和象形文字石碑等文创产品,吸引了大量中国消费者。可见文创产品的设计如将其

审美形式现代化，考虑中西方文化的融合，使得地域文化得到现代化发展的同时，也可以让享有盛誉的地域文化走出国门，扬名海外。

（三）需求促进创新

需求促进创新是文创产品设计的有效突破口，通过明确消费者对于文创产品功能的需求，了解现代消费人群内心对于文创产品的诉求，洞悉市场对于文创产品设计发展的接受度，从而实现文化创新产品、产品丰富市场、市场消费文化的良性发展。

1. 功能需求合理化

现有的文创产品呈现出功能较为单一，甚至功能与设计形式不符等现状，因此对于文创产品的创新设计，可以考虑采用模块化的设计形式，即在文创产品的设计中，将文创产品整体分为不同的模块，并赋予其不同的功能形式或是互动形式，由此不仅使文创产品的功能需求得到合理化满足，还实现了文创产品设计的和谐统一。

2. 人群需求宽泛化

如今消费者的消费理念早已不再是以满足实用性为主，取而代之的是求新求异。他们做事我行我素，不再掩饰对于美好生活的憧憬，而是以大胆的形式表现出其内心的诉求。因此，在设计中一方面需要充分考虑不同人群的需求，尽可能地通过不同模块的功能形式以满足不同消费者对于文创产品的需求。另一方面则是通过多样化的设计形式，让更多的人对文创产品产生兴趣，愿意了解地域文化的相关内容，体验文化创意产品所带来的乐趣。

3. 市场需求增长化

现有市场上带有国家博物院文化元素的创意产品占市场文创产品总销量的88%以上，占市场总销售额的70%以上。可见市场对于文创产品的接受度较高，消费者对于拥有深厚文化内涵的"国宝"类文创产品产生了较大的兴趣。这也说明了消费者在提升生活品质的同时，产生了了解地域文化的需求。可见文创产品的市场需求较为广阔，如在设计中融入一定的带有地域特色的民俗文化或是语意符号，对于让消费者在消费中了解地域文化有较为深远的意义。

三、池州方言图形化设计的应用

(一) 新媒体环境下池州方言动态应用

随着移动互联网技术的不断发展以及新兴媒体传播技术的不断涌现,人们的日常生活中充斥着海量的信息,人们不管是接触信息的总量还是接收信息的方式和渠道都发生了质的变化。手机进一步普及,人们获取信息的方式也更加多元化,针对手机周边或是手机终端的设计产品也在逐渐增多,一些音视频作品以及动态图片等不断涌现。[1]

互联网时代背景下,新兴媒介的产生,为方言展示提供了更为广阔的平台和丰富的资源,使得方言可以摆脱原有的静止状态,通过各种方式进行全方位的展示,做到方言音、形、意各个方面的全面表达。例如,时下动图方言表情包兴起,在聊天平台上以及其他沟通软件中,都有着广泛的应用。这种方言表情包可以对方言文化进行生动的展示,以达到传播的目的,同时也符合年轻人当下的沟通习惯,让年轻人了解池州方言。此外,可以将方言融入影视动画于游戏开发和设计之中,增加方言的应用范围,为池州方言可视化提供多元化的平台。当下新媒体追求实时的交互特性,在内容的投放过程中即支持互动功能,如此一来,将原本传统信息单向传播的形式转化为双向交互,大众在参与的过程中,可以将自己实时使用的感受反馈给开发者,以帮助开发者及时进行内容或产品的完善,提升内容或产品的市场认可度。因此,方言可视化设计在新媒体技术中拥有更加广阔的应用前景,在使用以及欣赏的过程中,池州方言也可以得到更好的传承与保护。

(二) 池州方言字体设计的文创产品开发

中国经济不断发展壮大,保持着较高的增长速度,传统文化的传承与发展,民族自信心与自豪感的不断增强,都有助于文创设计产业的借势增长。文创产业在近些年发展势头强劲,但同时存在着同质化严重的问题,大部分文创产品是生活用品,如手机壳、茶杯、服饰、文具用品。文创产业缺乏足够的创新意识,考虑到产品的成本问题,有些文创企业不愿投入大量的时间,只是单纯在表面上进行产品的设计与包装,没有从地域文化本身出发来

---

[1] 张歆.地域文化视角下的文创产品创新设计策略[J].设计,2018(19):54-56.

兼顾设计产品的功能属性与设计属性。

方言是地域文化中的一个典型代表，池州地处长江流域，农作物种类丰富，农产品琳琅满目，若在特色农产品的外包装中加入池州方言的设计元素，将更有助于产品的推广与销售。在进行产品设计时，应当注意池州方言元素的选取，尽量避免过于生僻的方言词汇，需兼顾大众的接受度与市场认可度，前期需要进行充分的调研与分析。

文创产品的开发要有新意，选择载体不可同质化，应当结合方言本身的含义。例如，利用池州方言表现时间的三组词语更子、们子、后子，对酒店日用品进行设计，如毛巾、拖鞋、洗漱用品、布袋以及相关生活用品。酒店的日用品每天会更换，时间概念突出，符合方言本身的时间概念，恰当的载体选择，对游客来说印象也会更加深刻。

下面通过具体的池州方言可视化作品来分析这些设计如何满足文旅衍生品的产品需求以及用户的需求。首先通过一张表来对池州方言文旅衍生品的设计理念与设计思路有一个整体的认知，见表6-1。

表6-1 池州方言可视化文旅衍生品分类示意表

产品类别	产品设计理念
农产品	绿色、有机、专业
	接地气、生动、有趣
布袋	爱情
	亲情
	时间感
手机壳	彰显个性
	时间感
水杯	实用性与审美
生活用品	时间感，新鲜度
平面作品	适用于各种场景

1. 农产品类

（1）产品设计理念：绿色、有机、专业性，如图6-8、图6-9、图6-10所示。

第六章 传统文化保护下的池州方言可视化设计实践

图 6-8 池州方言文旅衍生品"慈米"可视化示意图

由图 6-8 可以看出，这件池州方言文旅衍生品可视化作品为特色农产品——"慈米"品牌的富硒大米。整个包装设计所包含的信息较为丰富，包装整体的色调为深绿色，象征绿色有机之意。画面主要内容为"慈米"品牌的标识，位于包装的中心位置，以一个大米的图形轮廓将"慈米"的标识包裹其中，"慈米"二字上方分别有一片云朵的图形，虽然云朵通常为白色，但渲染成深绿色也并不影响欣赏者对图形的解读与认识，反而与包装的整体色调完美地统一在一起，呈现和谐的效果。

中间标识右侧对品牌产品的关键词解读——"自然·好米"，与"慈米"相呼应，"慈"代表着慈祥、慈爱，使人们面对该大米时觉得该大米像是母亲亲手种下的稻子后收获的大米。"自然"与左侧的云朵相呼应，代表着自然天成。云朵色调虽为绿色，但却丝毫不影响人们的认知，与洁白如雪的大米相互映衬，表明了大米的优质。

设计者设计了淡绿色的重峦叠嶂形状的图形，与"自然"之词相映衬，给人以纯天然、自然之选的感觉。在此基础上，相对次要的信息，如"富硒大米"的标识置于画面的右下角位置，由深绿色山峦作背景，给人大米是取

· 157 ·

自山间的营养精华的感觉。

除去淡绿色山峦，包装的背景中还有更为引人注目的浅绿色的池州方言元素，以或大或小的字体相间排列，布满整个画面，像"揪你耳刀"——揪你耳朵、"困告"——睡觉、"噶公"——外公、"骚锅地"——老婆、"恩木"——妈妈、"么东子"——什么东西。虽然文字排列较多，但并没有给人以密集之感。其他诸如"净含量""超值装"的次要信息，均安排在画面四个角的位置，没有喧宾夺主之感，主次安排妥帖合理，主题表达清晰。

这一可视化作品很好地将池州方言融入农产品包装中，人们在选购或是在享用产品时，不由自主地就会被这一独特设计吸引，非同寻常的感觉让人在消费产品时，也不只把它当作一个普通的农产品，而会注意其中包含得更为丰富的地方传统文化内涵。

另一个含有池州方言元素的富硒大米的包装设计，如图6-9所示。

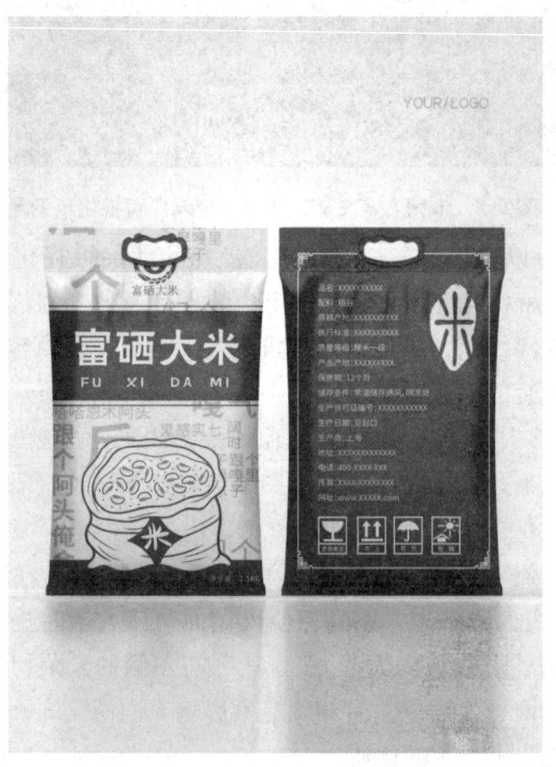

图6-9 池州方言文旅衍生品"富硒大米"外包装示意图

由图6-9可以看出，富硒大米属于农产品，整体外包装的设计选用了深绿色，让人感觉这款产品像是刚从田间地头收获回来的，在品质和新鲜度方面给人留下良好的印象。

同时，绿色、有机、生态农业是如今国家大力倡导与发展的方向，我们已经打赢了脱贫的战役，正在乡村振兴的道路上努力前行。因此，借助如此有利的发展契机，池州方言可视化可以在农产品的包装设计以及销售推广方面发挥自己的重要作用。设计者在针对农产品进行池州方言可视化设计时，包装的整体色调选用了深绿色，以更好地体现绿色农业、有机农业、生态农业的设计理念。

整体产品的包装设计以产品品牌标志为主，"富硒大米"四个字占据平面的中心位置，并以深绿色作为底色调，这四个字字体设计为方正圆润的字体，类似于隶书的字体，这种字体效果可以拉近与消费者之间的距离。每个字的下方配以拼音标注，以便于儿童和学龄段学生的识读，同时也便于外国游客的识读。

在包装的背景中将池州方言的元素加入其中，通过横排与竖排的方式来进行表现，其中运用的方言包含池州方言中的"嗒嗒恩木阿头"——爸爸妈妈姑娘、"嘎气"——回家、"们个"——明天等内容。这些内容都包含着家的元素，因民以食为天，饮食是一个家庭最为主要的生活内容，与之相关的方言是当地具有生活气息的日常用语，在设计中运用方言元素增添了产品封面的温情内涵。这些池州方言字体大小不一，不会让人们产生视觉疲劳，与此同时，横排与竖排的设计也同样避免了观者因相同的设计风格而丧失欣赏兴趣。

绿底上方为产品的标志与稍小号字体的"富硒大米"，产品的标志设计成两座山峰交结在一起的图案，并且在中间的交结部分围成一粒大米的形象。标志下方的边框由一穗稻谷托底，形成一个稻穗托起米粒的温情形象，另外还有关心每一粒的质量的意味。

绿底下方中心位置是一大包颗颗饱满的大米的图案，可以通过画面所呈现的效果，从侧面来展示富硒大米的品质。该图案中用来装大米的袋子类似于农家收获稻米时所用的麻袋，很容易使人联想到农家收获时的场景。

这是另一款池州方言可视化设计作品，整体色调为白色与绿色相间，最下方以绿色托底，让整个画面显得稳定，上方宽幅的绿色条带为衬底，更加突出富硒大米的产品的主题标识。画面的明暗对比较明显，重要内容更为突出，而次要内容也不会抢重要内容的风头，如图6-10所示。

图 6-10　池州方言文旅衍生品"谷世家"可视化示意图

由图 6-10 可以看出，这件文旅衍生品——"谷世家"富硒有机大米的整体包装设计以白色为主题色，代表着有机大米的纯净、有机、绿色生态、无污染、无添加、无残留。首先，进入眼帘的是右下方巨大的"米"字，手写体的棕色"米"字与右侧的"品质保证　生态种植"遥相呼应，表明从优质无污染的土壤中生长的稻子，品质值得信赖。再仔细看，"米"字的粗笔画中，可以看到水稻的稻穗图案，颗颗饱满。

其次，消费者可能会注意到，画面大面积空白区域有横版与竖版的"跟个你7饭了吗"的池州日常生活常用的口语，意为"今天你吃饭了吗"。这则池州方言用语的选取，十分贴合富硒有机大米的品牌主题，加上这则池州方言，丝毫不显生硬。整个方言部分用淡棕色呈现，与农产品包装的主题并不形成冲突，更没有抢主题内容的风头。主次分明而得当。同时，池州方言元素的运用，增添了包装设计的调皮与灵动的风格，让人觉得一本正经的有机大米也可以变得这样有趣，购买的冲动与欲望也会更强烈。消费者也会因为有趣而记住"跟个你7饭了吗"这句池州方言。池州方言保护与农产品的销售同时可以收到良好的效果，一举两得。

左上角位置，用黑色艺术字体标注"富硒"二字，笔画粗细设置得当，横平竖直的端庄设计,除了体现出专业与严肃之外,也体现出些许温情。略小的字体"有机大米",以及更小一些的字体"Organic rice",竖排于"富硒"右侧,与"富硒"二字长度相当,对产品进行了一个简单的介绍,外国游客看到包装,也可以清楚地知道所售产品的情况。左上角整体的黑色字体设计,成了除中心主要内容之外较为明显的内容,突出了产品的有机与绿色,与右下侧边的"品质保证 生态种植"的黑色书法字体相呼应,同时也与右下角"净含量:1kg"的黑色字体一同提高了整个画面的色彩亮度。

右上角"谷世家"的品牌标识设计融合了具象化与艺术美,标识以一个具象的棕色谷仓为原型,将毛笔书法"谷"完美嵌入其中,书法的恣意挥洒与谷仓的规矩图形形成明显对比,自由与规范,艺术与具象,书法与现实,文字与实物,碰撞在一起,带给人一种奇妙之感。

在包装材质的选取上,选用了光滑的硬纸,细腻的手感也可以让人联想到抚摸米粒时的湿润光滑手感。

这件作品之所以成功,是因为画面包含的信息虽然较多,但侧重点明确,色彩选择得当,且色彩的明暗度调节得恰到好处。欣赏者在观看时,如果只是短短一瞥,则可以很快地知道产品的主要信息、产品的特点与品质,池州方言的竖排与横排的字体也可顺势映入眼帘。而如果欣赏者时间充裕,则可以注意到更多的设计细节以及设计者的用心,如"米"字笔画中稻穗的图案、英文的注释等。作品在设计之初便考虑了不同人群在欣赏到作品时的反应,因此在进行设计时,设计者尽可能做到让更多人群喜欢与理解这一作品。

(2)产品设计理念:接地气、生动、有趣,如图6-11至图6-12所示。

图6-11整体上可以让人感受到一种活泼可爱而又不失设计感。可以很容易地看出,画面的中心是一粒被放大很多倍的大米形象,设计者对其做了拟人化处理,虽然没有勾勒其五官等更为具象的细节,但这也并不妨碍欣赏者对其米粒形象的认知。米粒上方"头部"的位置描绘了三个粗线条的长点,一方面可以吸引观看者的注意力,将设计的主题进一步进行强调;另一方面,配合拟人化的形象,给人感觉似乎米粒也产生了惊讶之情。除此之外,也带有新品上市的意味。

乡音传承：传统文化保护理念融入池州方言可视化设计研究

图 6-11　池州方言文旅衍生品"陇间柒月"可视化示意图

　　米粒身上写有"富硒"二个最大号字体，标明了产品的定位以及产品的主要卖点，这部分也属于设计中内容信息真实性的表达。"富硒"二字并没有用规范的艺术字来呈现，而是采用独特的书法笔体，与米粒的拟人化设计相吻合，给人以灵动与俏皮之感。

　　米粒的两只小手将一个圆形的标牌抱于身前，上书池州方言"回嘎气切富硒哈米"，意为"回家去吃富硒大米"。一下子将整个画面的风格拉到池州范围内，地域的风情与韵味跃然画面。再加之米粒背后左侧的圆形标牌上面同样写有池州方言"清早八早七饭壳，爹爹""壳哎"，意为"大清早吃饭没有啊，爷爷""没有啊"一问一答的句式，生动而有生活气息，将池州地域日常生活中常见的情景，通过几个字，两句池州方言的问答展现了出来，与富硒大米的产品主题也进一步呼应起来。

　　中国人最为常见的传统问候方式——"吃饭了吗？"与池州方言的表达，为可视化的产品包装封面增添了烟火气。两个圆形的标牌中的池州方言部分结合在一起，构成了一个完整的生活场景。孩子问爷爷大清早吃没吃饭，爷爷回答还没吃，孩子体贴而关心地跟爷爷说，回家去吃富硒大米了。最后一句直接引出产品主题，自然而又顺理成章地紧扣产品。

画面右下角位置描绘了一个太阳图像，虽然没有进行完整的展示，但也足以让人们一眼可以看出指代太阳，虚与实的造型设计又可以带给人无限遐想，同时这一设计也在不经意间拓展了有限的画面范围，让观看者能够感知到画面以外还有着丰富的内容与惊喜。太阳的光芒与米粒头上的三个表示惊讶或惊喜的粗线条的长点相互映衬，可以让人感受到每一粒米都充分吸收了太阳光，籽粒饱满，晶莹剔透，光洁如玉。

画面左下部的"七月流火，八月剥枣。九月授衣，十月获稻。为此硒米，以介眉寿。"除却"为此硒米"外，其他五小句均取自《诗经·国风·豳风》中的《七月》篇，整个六小句，意为七月"火"星偏西方，八月枝上打枣忙。九月女工缝衣裳，十月收获稻米香。由此硒米谨奉上，祝贺爷爷寿岁长。

《诗经》是中国古代诗歌的开端，是我国最早的一部诗歌总集，在中国文学史上有着崇高的地位和深远影响，奠定了中国诗歌的优良传统，中国诗歌艺术的民族特色也是由此而开始形成的。通过运用这几句诗，池州地域文化与中国传统文化《诗经》交织在一起，将观者一下带到古时好稼穑、务农事的忙碌场景中，一方面是场景的切换，一方面是时光的流转，通过寥寥数字，可将此时的农产品与彼时的耕作场景联系在一起，点睛而升华，给购买者带来一种别样的感受，让其不仅品尝大米，同时还可体味到自古以来，在田地中挥汗如雨、辛勤劳作的农民为生产一粒品质优良的稻米，付出的诸多艰辛与劳累。

在整个画面的背景中，设计者又别出心裁地用浅灰色的不同书法字体的"米"字作为衬底，设计者的此番巧思并没有影响可视化效果的主题内容，反而起到烘托、强化、锦上添花的作用。

画面左下方与右上方简单勾勒的浅棕色线条，代表山间田野缭绕的云雾，让人有其品质天然的印象。左下方红色衬底，印章化设计的"有机"二字，使整个作品有传统色彩。左上角"陇间柒月"采用同样的设计手法，与"有机"二字相呼应。下方的"无蔗糖　低脂肪　轻负担　真全麦"客观说明了产品的主要特点。"净含量：1kg"作为次要信息，置于画面的下方。

整体上看，画面中红色、深棕色、浅棕色搭配在一起，虽然选用的色彩并不十分丰富，但也足以展现丰富的信息，使整个画面错落有致。米粒的左侧以及米粒两个手部加上棕色的阴影，更添立体感。可视化作品在二维平面

· 163 ·

上表现三维的效果，虚与实的结合与协调，图形的选择与设计，精心设计的构图等，都让人耳目一新又感受良多。

这一池州方言可视化作品可以广泛应用于农产品店面、景区的特色产品区、商超柜台等地。

将这一池州方言可视化设计应用于文旅衍生品的包装封面上，其最终效果如图6-12所示。

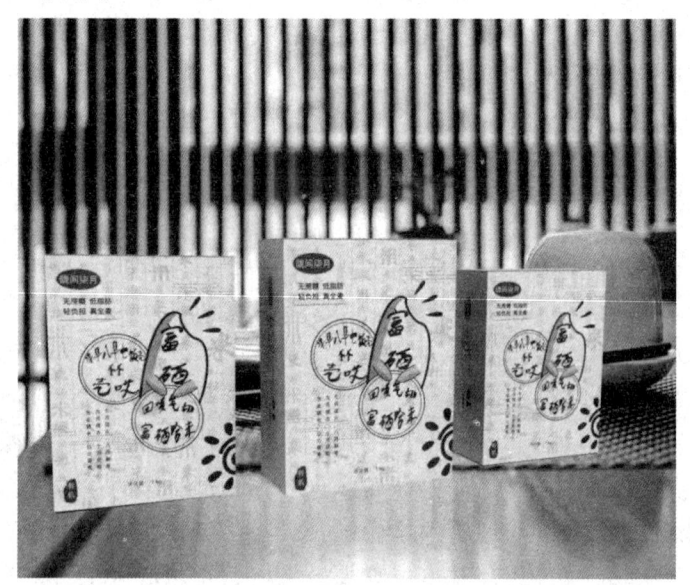

图6-12 池州方言文旅衍生品"陇间柒月"外包装示意图

由图6-12可以看出，池州方言可视化作品应用于农产品包装之上，显得清新而又整洁，与富硒大米的食品属性相契合，可以当作逢年过节的礼品，精心设计的包装，会在无形中增加一份情意与关心。

2. 布袋类

（1）产品设计理念：爱情，如图6-13所示。

图6-13中展示了一个池州方言可视化设计作品，整个画面中主要为两个穿有池州当地特色服饰的男女青年形象。左边女青年与右侧男青年都头戴红色碎花头巾，身穿绿色小花短袖。女青年将后面头发束在头巾中，眼睛几乎眯成线，不满地看着右侧的男青年，用池州方言说了句"你真摸！！！"，意为你真磨蹭。她也因此气得满脸通红，眉毛倒竖。而右侧男青年同样用池州方言赶忙解释，"刚搭倒了……"，意为刚跌倒了呀！男青年说完后，嘴

中叹口气，看起来也是很无奈的样子，说话时眼睛胆怯地斜看着女方，生怕不能消除女方的怒气。

图 6-13　池州方言文旅衍生品布袋可视化示意图（一）

整个画面通过简单的对白，生动地将事情发生的场景表现出来，让人看时，马上就可以被两个人物的对话吸引，被带入画面所展现的情景中。设计者对两个人物神态的描绘细致入微，女青年一个眼神刻画，一个简单的眉毛勾勒，脸上气出的涨红，小嘴紧闭，两腮鼓鼓等。男青年知道自己做错了，两只眼怯生生斜看着女方，嘴角下拉，紧皱眉头，由于着急忙慌，脸上也泛出红色。设计者将男青年叹出的气具象化，增添了生动性，同时也从侧面烘托出男青年极为无奈的心情，强化了对人物情绪的表达。

画面中呈现的两句池州方言为最为常见的池州当地用语，将其印在人们常用的布袋上，可以促进池州方言的推广，布袋上妙趣横生的画面让人爱不释手，拿在手里，也多了一份得意与欣喜。当地人在使用时，一种地域文化自信油然而生。

布袋的应用场景可以有多个方面，可以在旅游景点直接进行售卖，可以在商超店面专门用来礼品的包装，可以在公司或单位举办活动或是发放过节福利时盛装礼品，甚至在文具店、幼儿园、学校等地方，作为学生或老师盛装文具或是书籍的袋子。

（2）产品设计理念：亲情，如图6-14所示。

图6-14 池州方言文旅衍生品布袋可视化示意图（二）

从图6-14中池州方言可视化的布袋作品的整体来看，能让人回忆起20世纪30年代漫画家张乐平先生创作的《三毛流浪记》的绘画风格，整个画面简洁、干净、朴实而生动。单纯运用黑色表现整个画面的所有设计元素，显示出设计者对色彩、线条、构图、布局的把控力，同时也能体现出设计者对于文字与图片相互关系的把握。

图中文字的大小设置，大图片与小图片的搭配，图片之间的相互照应配合，设计者都处理得恰到好处。

画面上方用大号书法字体写就的池州方言——"搭搭"，点明了设计的主旨。为了便于儿童识读，在"搭搭"二字的上方，用拼音"da da"进行标注，让学龄阶段的儿童也可以读准发音，便于池州方言更大范围的推广。

通常来说，人们首先会被图片信息所吸引，画面中下部中心位置的一个大人与一个小孩子的形象引人注目。通过左侧"父亲"二字，人们可以很清楚地明白，这是一个父亲在为女儿绑头发的场景。

画面中父亲蹲在地上，前脚掌支着地，皱着眉，噘着嘴，显然一副生气的表情。设计者特意在父亲头部上方增加了一团黑色"乱麻团"，以表现父亲此时既生气又无奈的情绪，他在生气的同时又拿孩子没有任何办法，还得硬着头皮给孩子继续绑头发。而坐在地上的孩子，两只小手紧握在一起，两腿平伸放于地面，老实安生地听着父亲教诲。孩子头部右上方黑色的"乱麻团"设计，从侧面说明了孩子此时也十分不高兴，定是因为刚才的调皮，将原本梳得整整齐齐的头发玩得乱蓬蓬，挨了父亲一顿严厉训斥，此时只得乖乖听从父亲命令。孩子脸上生气的表情，通过竖起的眉毛以及紧闭且下拉的小嘴展现得淋漓尽致、惟妙惟肖。

除了画面整体无可挑剔外，设计者在一些细节上也作了精心设计。设计者在画面中央两个人物的下面作了阴影化的处理，使得画面更加立体真实，虽是漫画风格的作品，但没有给人以不真实感。设计者还通过黑色与白色区分了父亲与孩子的服饰，上衣选用白色，父亲的短裤与孩子的长裤则选用黑色，虽是简单的黑白搭配，却并不显单调。画面只是刻画了人物的动作与神态，并没有具体地描绘背景，并没有具体地交代事情发生的场景，这就给人们以更大的想象空间。通过父亲赤脚的形象，我们是否可以设想，这是在家中床上或是地上？由此，也可以感受到设计者在设计时构思的巧妙、用心，以及条理的清晰。设计者在画面信息的处理上费了一番功夫，哪些信息必须呈现出来，而哪些信息可以略去，为观赏者留下更多的想象空间。同时，简洁的构图也保证了画面的简洁有力，主次分明。

先是在画面上半部第一个"搭"字的一捺"乀"上，设计者刻画了一个父亲背着孩子玩耍的情景：父亲平稳而又小心翼翼地向上爬着，小孩子在父亲的背上高兴得手舞足蹈，一只手抱着父亲，另一只手指着前方，好像自己是指挥官一样。

画面中心的大场景与"搭"字上的小场景，所表现的情绪反差较大，一个是父亲在孩子调皮后生气，并给孩子梳头的场景；一个是父亲带孩子嬉戏的场景。一个生气，一个高兴，似乎两个场景在情感上并不和谐。但细想一下便知，生活中父亲的形象本来就是如此，大多数时候父亲总是一副严厉、不苟言笑的样子，像是一个严厉的老师。但父亲毕竟与孩子有着血浓于水的感情，只是出于男人的矜持，不愿意直接表达出来，但却可以做到细致入微，无微不至。

这款父亲主题的池州方言可视化作品，不只是宣传推广池州方言，还展现了中国式的父爱，以及父亲与孩子之间微妙的关系。家族关系中父亲与孩子的关系是一个永恒的话题，一个简单的布袋，经过池州方言可视化的设计后，使看到这款作品的人，不管是大人，还是孩子，都能对父亲与孩子或是大人与孩子之间恨铁不成钢和亲如密友的多重关系进行思考，这样人们会不会在生活中与自己家人相处时多一分理解与关怀？

当一件作品融入了感情或是亲情成分，就能在打动人的同时给人留下深刻的印象，让人记忆犹新。因此，在池州方言可视化作品中更多地加入感情成分，不但能够让人感同身受，同时也可以让池州方言更好地推广与宣传，对于池州方言的传承与保护也是难能可贵的创新实践。

（3）产品设计理念：时间感，如图6-15所示。

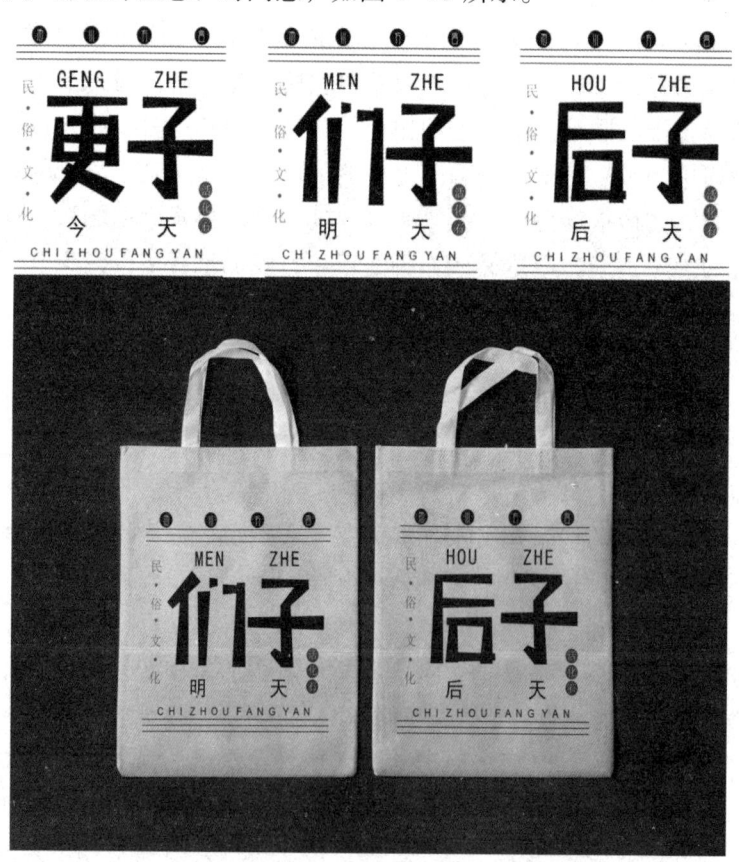

图6-15　池州方言文旅衍生品布袋可视化示意图（三）

由图6-15可以看到，画面最上方是以池州方言为主题的三个平面可视

第六章 传统文化保护下的池州方言可视化设计实践

化作品,分别为"更子""们子""后子",意思分别为"今天""明天""后天"。之所以选择以时间为主题,是因为当今社会发展愈发迅速,人们的时间观念愈发强烈,在快节奏的生活和工作中,人们对于时间的把控几乎到了以秒计量的地步。考虑到人们对于时间的关注,设计者设计了以时间为主题的池州方言可视化系列作品。下方选取了后两个方言词汇设计成的布袋的封面进行介绍,两者都以白色为主题色。

就左侧布袋作品来讲,布袋中心区域为大号字体——池州方言"们子",设计者将两个字的笔画作了变形处理,同一笔画粗细不一,形状类似于楔子,显得别具匠心、独特。"们子"下方为普通话意思——"明天",选用与"们子"区别较大的小号字体呈现,黑体字样的选用也是为了不争抢池州方言关键词的风头,让观赏者的注意力更加集中于中心位置。"们子"左侧分列间距较大的四个字"民俗文化",字与字之间用符号"·"间隔开,字体选用灰色,透明度调低,与"们子"以及"明天"相比,有较大的区分,作为次要内容,不会吸引观者过多的注意力。

布袋右侧下方,设计了"活化石"三个字,设计者选用红色阴刻的印章手法呈现出字体,给整个可视化设计增添了几分古朴气质。"活化石"也表明了池州方言重要的文化价值,即它是现在还存在着的、人们依然在使用的地域文化的珍宝,其宝贵的历史价值与文化价值不言而喻。另外,红色的点缀也为以黑灰为主色调的整个作品增添了生动鲜活的气息,作品呈现出的效果不会过于呆板无趣。

整个作品上方与下方均有由三条细线组成的平行线,作为平面可视化作品的边界,设计者没有过多地对三条线进行修饰,以使观者有限的注意力与精力都集中于中心位置。但上下简单的线条让人感觉简洁、有力,很好地将两组线内的所有设计元素统一在一起,让作品更具有整体感。构图的精到不在于选用多么出彩的图形或是颜色,有时将一个简单的线条放对位置,将一种颜色运用好,与整体和谐统一起来,往往会收获出人意料的效果。

上面一组线的上方为用黑底白字阴刻手段呈现的"池州方言"四个艺术字,字体修长端庄,具有古风,又具有当代艺术设计之风。与三条细线组合在一起,又好似跳动的音符,悦耳且灵动。下方三条细线之上,排列着"池州方言"的拼音注解"CHI ZHOU FANG YAN","们子"二字上方同样有拼音注解"MEN ZHE"。略显不同的是,"MEN ZHE"标注了池州方言更为准确的发音,而并没有按普通话进行标注,使人们可以了解更为准确的池州

· 169 ·

方言的发音，同时标注拼音可以让学龄儿童与外国友人也可以较为准确地学说池州方言。

右侧布袋以池州方言关键词"后子"为主题，设计风格及构图与左侧相同，这里不再赘述。

"们子"与"后子"都是代表未来的时间名词，也都有一定的内涵意义。当下，人们努力拼搏，勤奋进取，都是为了未来过上更美好的生活而奋斗。同时，"们子""后子"也象征着理想与希望，人们都或多或少需要一些期待，需要一点盼头，这样当下我们才可以更努力一些，把当下的事情做好，把眼前生活或是工作中的角色扮演好，未来才有可能获得相应的回报。

池州方言这一系列以时间为主题的可视化设计作品，除了可以在旅游景区的文创商店进行展示售卖，还可以在学校、单位、酒店、餐饮店面、商超等进行销售。同时，这个系列的布袋也可以作为礼品的包装袋，在公司或单位发放节假日福利时、走亲访友时、新婚或孩子满月之时，包装礼品，赠予亲朋好友。

3. 手机壳

（1）产品设计理念：彰显个性，如图6-16所示。

图6-16 以彰显个性为理念的手机壳可视化示意图

第六章　传统文化保护下的池州方言可视化设计实践

图6-16是一组手机壳的可视化设计作品,其中融入了池州方言的元素,设计者设计的这一组手机壳风格相同,均选用了白色作为底色。

池州方言选用了最具代表性而又风趣幽默的四字日常用语:"鬼感实七",意为胡说八道;"嘎气切饭",意为回家吃饭;"大慢吞子",意为行动迟缓。三者的字体都选用了变形的艺术字,风格统一,字体的笔画也均根据字义的需要而相应作了调整。

先就池州方言"鬼感实七"进行具体分析,如图6-17所示。

图6-17　池州方言"鬼感实七"可视化效果示意图

由图6-17可以看出,池州方言可视化效果图中的主体部分由"鬼感实七"四个字构成,占据双层矩形框内的主要区域,主体字下方为小号字体的"胡说八道",右上角部分为红色的"池州方言"四个字,同样是以小号字体来呈现,整个池州方言可视化画面重要内容突出。设计者对四个池州方言字体的笔画进行了笔画的变形设计,尤其使"鬼"字呈现一张鬼脸的图像,使其字形和字义完美地统一在一起。

"鬼感实七"在当地的日常生活中应用较为广泛,"胡说八道"意思为没有根据或是没有道理地乱说或瞎说。"胡说八道"的成语出自宋代释普济的《五灯会元·龙门远禅师法嗣》:"祕魔岩主擎个义儿,胡说乱道,遂将一捆成齑粉,散在十方世界。"后来又在明代《西游记》、清代小说《三侠五义》,以及鲁迅先生的《且介亭杂文·病后杂谈》一文中出现过。

通过一个看似简单而常见的词,人们可以了解其背后的诞生源头、发展使用的过程以及现代人使用的情况,一个词可以穿越历史,穿越时空,作为一个引线,将人们带入过往的时光。

将池州方言"鬼感实七"方言元素运用在手机壳设计中,可以使方言与人们日常使用的手机相联系。当一个人拿着这样一款手机壳上印有"鬼感实七"字样的手机打电话时,旁人是否会联想到这个人是不是在胡说八道?明

· 171 ·

白这个词含义的人想必都会会心一笑吧。

池州方言"嘎气切饭"意为"回家吃饭",是池州当地再寻常不过的生活用语,使用的场景也最为广泛。当几个好友聊天时,用一句"嘎气切饭"作为聊天的结束语,既不显得无礼,又顺理成章。而这时,拿出手机壳上印有"嘎气切饭"字样的手机,顿时会让好友惊奇又有趣,丝毫不会觉得提出回家吃饭的人煞风景。当到了饭点,几个同事准备小聚一下,商量去哪吃饭时,如果其中一个人不能同去,需要回家吃饭,拿出这样一个手机壳上印有"嘎气切饭"字样的手机,大家也会欣然一笑,表示同意。

一个设计巧妙而幽默有趣的可视化作品,需要与现实生活中的应用场景结合起来,尤其对于池州方言保护的可视化设计来说更是如此。池州方言只有真正有用武之地,才能够更好地被保护起来,这样也就不用刻意地宣传与推广了,也不用费尽心思告诉人们池州方言如何重要,解释池州方言包含了多少传统文化的精华。当设计者所设计的池州方言可视化的产品真正具有了实用性,同时又能为人们的生活增添无尽的乐趣时,人们自然会用实际行动学习、宣传和推广方言。反之,则利用方言可视化设计,就很难达到保护与传承池州方言的目的。

第三个池州方言用语"大慢吞子"通常用来形容行动缓慢、慢性子的人。这个词也有一定的应用场景,可以开他人的玩笑,同时也可以自我调侃。当一个人因为动作慢耽误了事情时,一旁的同事或是朋友通常不会直接指出其缺点,因为直接说出可能会伤害对方的自尊心。这种情况下,如果不指出对方的不足,可能下次对方还会出现类似的情况,不管对其个人,还是对于集体来说,都是一种损失。而如果直接指出其缺点的话,还需要考虑对方的情绪,以及是否会接受这样的说法,无形中增加了人与人之间沟通的成本。

这时,如果拿出一个手机壳上印有"大慢吞子"字样的手机展示给对方,对方也会心领神会,不好意思地一笑。如此一来,不用直接说出来,就可以指出对方的不足之处,同时,也可以优化集体、增强集体凝聚力。

只是界面或画面多彩好看的作品还不足以称为优秀的作品,所以在进行池州方言可视化设计时需要考虑用户心理。设计者需要站在用户和使用者的角度来提前设想用户具体的使用场景以及使用情况,考虑用户周围人群对可视化产品的反应是怎样的,用户的亲人、朋友、同事、上级、下属、陌生人等看到这款产品的反应是怎样的。设计者如果充分考虑了这些问题,所设计

第六章 传统文化保护下的池州方言可视化设计实践

出来的可视化产品就不会毫无价值。

从这款包含池州方言元素的手机壳设计作品的整体来看,虽然设计者并没有选择复杂的设计元素,来让整个设计呈现炫酷多彩的效果,但却可以把用户或其他观者的注意力都集中于关键信息上。直击主题的设计思路也更好地适应了当下快节奏的生活,人们没有更多的时间来认真解读一个信息量巨大的图案。尤其对于手机壳,一个人在打电话时,旁人,即使是关系密切的人,也不会盯着其手机超过两秒钟,而两秒钟足以理解上述三款手机壳上的信息。

另一款手机壳可视化设计作品,如图6-18。

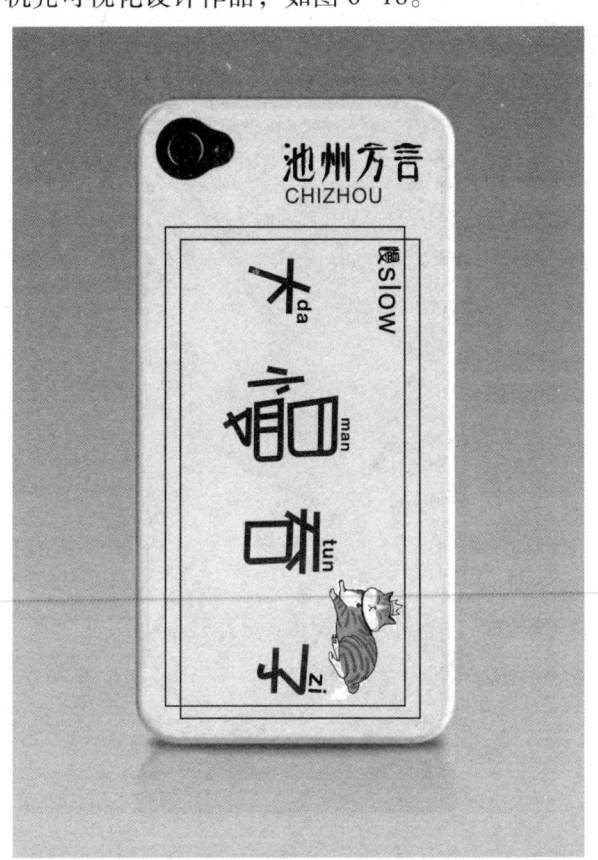

图6-18 印有"大慢吞子"的手机壳示意图

从图6-18中,可以看到一个白色的具有简洁风格的池州方言可视化的手机壳作品,平面中心位置用字体大小不一的艺术字体表现了池州方言的元素——"大慢吞子",形容一个人的行为、说话、性格以及做事风格都极为

·173·

缓慢。文字旁边搭配一只花色的戴着王冠的肥猫形象，其眯眼的卧姿更加突显了"慢"的设计主题，同时也让这一作品的设计主题得以更加形象化地展现了出来。这款作品更适合于喜爱养猫的群体，他们更乐于通过自己喜爱的小动物的形象来展示自己的个性。

这一作品的成功之处在于，挖掘了年轻人喜爱以及热衷的事物，更多地关注到了年轻一代的生活方式、个性特点，以及渴望展现自我和突显个性的心理，这也就使传统的池州方言更容易被年轻人接受。在这样一个发展迅猛的快节奏时代里，凸显"慢"这一主题的设计作品，反映出年轻人的不甘平庸、与众不同、追逐个性、求新求变，池州方言通过有活力的年轻一代的传播与推广，而得以传承和发展。

（2）产品设计理念：时间感，如图6-19所示。

图6-19 池州方言文旅衍生品——手机壳可视化示意图

图6-19所示作品与图6-18中所示可视化设计作品的设计理念所不同的是，这组以时间为主题的作品更适合时间观念较强的人群。白色主色调的选取，使男士与女士都可以随心地使用这款手机壳。前文已经提到，三个手机壳上的池州方言主题词分别代表着"今天""明天""后天"。在高速发展

的现代社会，人们的时间观念越来越强，人们也更加注重时间的管理。手机壳印有以上字样，可以暗示人们要充实地过好每个"更子"；精神饱满地迎接"们子"的到来；要有遥望"后子"的长远眼光。使用每一款手机壳时，人们都会有不同的心情，同时人们表现出的精神状态也会各不相同。

简单几个常用的池州方言的词汇，可以体现出时间的紧迫性与其意义。时间的概念是人类认识、归纳、描述自然的结果。在我国古代，时间的本意原指四季更替或太阳在黄道上的位置轮回。《说文解字》中说："时，四时也。"《管子·山权数》说："时者，所以记岁也。"随着认识的不断深入，时间的概念涵盖了一切有形的与无形的运动。可以说，时间与人们日常的生活和工作息息相关，彼此之间存在着密切的联系。与此同时，时间也将古代与现代进行连接，方言词汇承载着古代人们对时间的理解与认知，让现代人隔着时空，感受古人的智慧与态度。

4. 水杯

产品设计理念：实用性与审美，如图 6-20 所示。

图 6-20　池州方言文旅衍生品—水杯可视化示意图

图 6-20 中是两款水杯，其中左侧红色水杯包含池州方言元素"么东子"，意为"什么事情"，右侧水杯杯身包含中秋元素。

先来介绍左侧"么东子"池州方言主题水杯。在池州当地，"么东子"

是一个最为常用的口语，客人来访时，主人会问"么东子"；业务员拜访客户时，客户会问"么东子"；有人叫你的名字时，你会问一句"么东子"；有时，一个人在猜测将会发生什么事情时，也会自问一句"么东子"；等等。既然"么东子"的应用场景如此繁多，那么作为池州方言可视化作品的设计元素，自然首先给人以亲切感。

设计者选用红色作为水杯的主色调。红色作为国旗的颜色，国人自然对其充满敬意与热爱，加之红色本身也代表着喜庆、吉祥、如意、热情、好客、奔放，会让人可以联想到许多愉悦、高兴、团圆的场景。红色也最能吸引人的眼球，在诸多颜色中，更容易被注意到。因此，不管是自己使用，还是用来招待客人，都能给人以不同寻常的感受。

杯身的主体部分为池州方言关键词——"么东子"，设计者用一组平行线条勾勒字体的笔画，增加了字体的设计感、现代感与艺术性，也凸显了字体的质感与立体性。盖上杯盖后，"么"字的第一笔——"丿"藏入杯盖中，看不到笔画的源头与真实的长度，给人以无限的想象空间，好奇心强的人自然会打开杯盖，一探究竟。"东"字的第一笔画"一"，设计者对其作了变形处理，使其右端垂直向上，拐进杯盖，同样也是营造"悬念"，让人产生丰富的想象与好奇心。"子"字的设计与问号"？"完美结合，通过共用笔画的手法，让整体效果既简洁，又灵动，创意感十足。构图上的横平竖直体现出了秩序、条理、严谨，虽属于灵动风格，但仍有秩序，收放自如。

七条细线组成的平行的粗线条笔画，与阴影效果的设计结合起来，使整个字体呈现浮雕的立体效果。这些线条容易让人联想到学校或是运动场上的跑道，所以也就更适合学生人群和运动人群。人们对于自己所熟悉的事物或多或少会感到亲切，而对于陌生的事物，都会产生一种排斥心理。这是由于对于熟悉的事物，人们不用花费更多的时间和精力来培养对它的信任，而人们在接触陌生事物时，会通过各种方式收集与其相关的信息，在逐步了解认识之后，才可能对其产生信任与喜爱的感情，才可能真正接纳陌生事物。例如，一个人喜欢喝碧螺春茶，当其遇到龙井茶时，由于同属于绿茶，有更大概率会同样喜欢喝龙井，而对普洱红茶或是铁观音，则尝试的概率会较小。

因此，设计者在进行池州方言可视化设计时，可以考虑将人们熟悉的元素加入作品中，将其作为一个引线，引领着观者继续了解与认知池州的地域文化与方言。

杯身上在"么东子"字体的右侧标有"WHAT THING"2021"ChiZhou"

字样，是池州方言"么东子"的英文翻译与创作时间和地点。作为一件文旅设计作品，外国游客的需求是最基本的考虑内容。

设计出的产品需要将产品的使用场景与范围等因素考虑在内，需要考虑直接用户是哪些，潜在的用户有哪些，最有可能对哪些用户产生影响，甚至还要考虑到用户在使用或看到这件产品时会是什么样的心情，这样的心情会对其他人产生哪些影响。

杯盖选用白色，与红色的杯身形成鲜明的对比。选用白色同时也是考虑到水杯是人们饮水喝茶的容器，白色可以让使用者更容易看清上面的污渍，便于清理，让使用者可以更加放心地使用，对于饮食的安全性更加放心。

5. 生活用品

产品设计理念为时间感，新鲜度，如图6-21所示。

通过图6-21，可以清晰地看出，池州方言元素被运用到了各种日常生活用品中，包括梳子、牙膏、牙刷、拖鞋、手巾等。这些形状各异的洗漱用品中，拖鞋鞋底主体为不规则的近椭圆形，牙刷为扁平长条形，洗发水为圆柱形等，在各种几何的包装上都有池州方言的元素，方言元素与几何图形恰当地结合起来，以海蓝为主色，搭配白色，最终使得各种设计元素协调统一起来，将产品的实用性与美观性紧密地结合起来。综合考虑各种设计元素后，在一个审美标准下，将池州方言保护的理念、审美要求、产品的实用性等方面结合在一起，在相互补充与协调中，使产品更为统一和谐，更具有整体性。

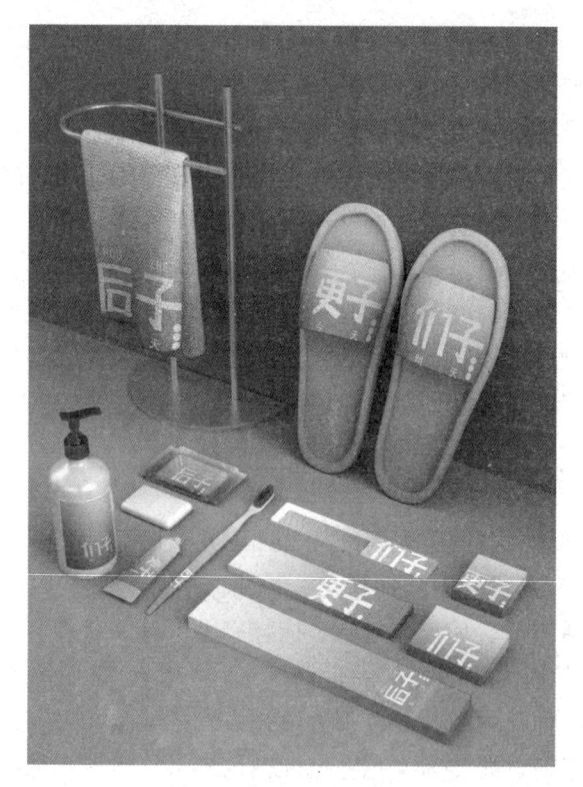

图 6-21　池州方言文旅衍生品—洗漱用品可视化示意图

池州方言的可视化设计应当与人们现实生活紧密联系起来，应用于生活的方方面面。在各种产品的设计之中，设计者应当选择更准确的切入点，将池州方言元素更好地融入包括日常用品在内的其他产品的设计之中。例如，在毛巾或是拖鞋上标有"更子""们子""后子"这样以时间为关键词的提示语，让旅店客人感觉所用洗漱用品更加清洁，同时也更放心。

6. 平面设计作品

产品设计理念：应用于各种场景，如图6-22、图6-23、图6-24所示。

首先，先通过一个单个作品来感受设计者的设计理念，如图6-22所示。由图6-22可以看到，这是一个池州方言可视化的主题设计作品，这个平面效果图可以在各种可以使用标识的地方应用，同时还可以在这个画面之后配以不要做的具体内容。例如，用于禁烟宣传的"不要吸烟"；在安静的休息场合，可以设计为"不要大声喧哗"；在干净整洁的公共区域，可以设计成"不要随地乱扔杂物"等。

第六章　传统文化保护下的池州方言可视化设计实践

图 6-22　池州方言文旅衍生品—平面可视化示意图

这一可视化设计可以与其他诸多内容进行搭配，设计者在设计之初，很好地考虑到了这个带有禁止性质的池州方言用词所具有的内涵，因此在展现这个设计作品时，设计者选用红色作为作品外围的背景颜色。红色在人们心中为停止、禁止的意思，马路上的停止信号灯都选用红色，足球场上裁判出示红牌，意为球员犯规，被罚出场。因此，这里结合池州方言"莫"，就不会让人误认为是热情奔放之意。

在这一作品的画面的中心位置，除了一个清晰可辨的"莫"字之外，在"莫"字周围是一个红色禁止符号。另外，还有多条黑黄的条形带"捆绑"着"莫"字，更加增添了禁止意味。主背景颜色选择黑灰色，使设计给人以严肃与认真的感受。画面两侧分列着相对次要的信息，但这些信息也在辅助主题的表达，左下角意为"不要、禁止"的英文词汇"PROHIBIT"为外国旅客了解画面所传达的信息提供了方便。

作品整体设计贴合设计主题，色彩的搭配考虑到人们日常的审美习惯与色彩本身的特质，设计者将可视化作品的设计与人们现实的生活需要完美地结合起来，人们在使用以及欣赏作品之时，不自觉地便推进了池州方言的传承与保护工作。与此同时，为了顺应时代发展的需要，设计者通过更多具有时代气息的色彩、图形等的加入，让作品展现时代精神。

下面再展示一些其他的池州方言可视化作品，以此来进一步感受针对不同的设计目的，设计者所确定的设计思路与设计理念，如图 6-23 和图 6-24 所示。

图 6-23　池州方言文旅衍生品——平面可视化作品集锦示意图（一）

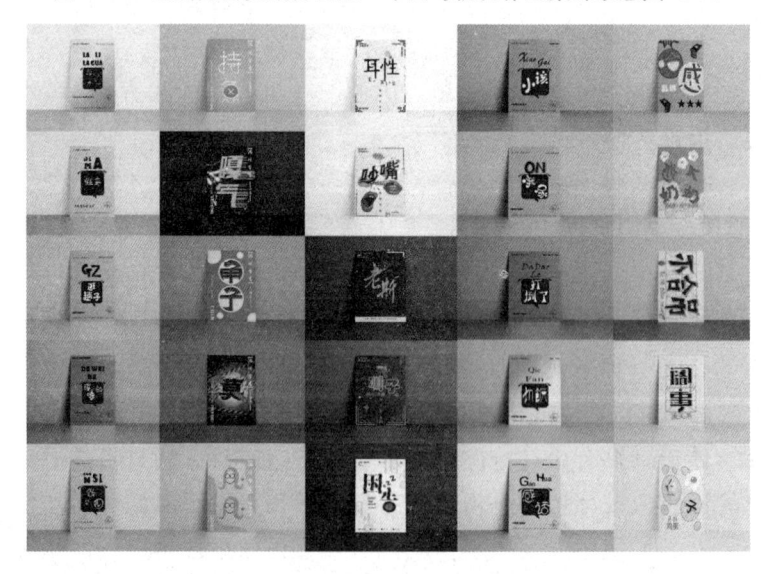

图 6-24　池州方言文旅衍生品——平面可视化作品集锦示意图（二）

从图 6-23 与图 6-24 可以看到这 31 部池州方言可视化设计作品中，设计思路、色彩搭配、设计风格以及所呈现出的设计效果都不尽相同，池州方言词汇均选择日常生活中使用较为广泛的用语,更贴近于实际生活场景。

方言属于地方特色语言,其承载着一个地区地理人文等一系列文化的精髓,对池州方言进行可视化设计可以提高民族自豪感与自信心,同时也可以展现一个地域的文化底蕴与内涵。通过对池州方言可视化的转化与翻译,提升其趣味性表达,应用动态化的设计理念,深入挖掘池州地域文化与方言中的独特元素,进行提炼与升华,通过可视化路径来实现最终的传承与保护池州方言的目的。

一、在池州方言可视化作品中加入情感元素

池州方言可视化作品虽是一件物品,但其也可以融入感情或情感的成分。当作品中包含情感元素后,可视化作品所呈现出的也就不仅仅是一个画面、一个二维图形呈现的客观图像。它可以让人们感知到设计者在其中所花费的良苦心思,可以感同身受,体会到其中所表达的情感,人们也会因此而对池州方言可视化作品多一份关注,甚至想拥有这样一件作品,设计者的情感付出都会得到相应的收获。

二、在池州方言可视化作品中加入人们所熟悉的元素

设计者在进行池州方言可视化设计时,可以加入人们所熟悉的元素,让人们先产生亲切感,这样作品更容易在前期被接受。人们更信任自己所熟悉的事物,也最容易接受自己所熟悉的事物。设计者可以充分利用这一点,在可视化作品中引入一定程度的人们所熟悉的元素,作为吸引了人们欣赏作品的一个"引线",当这个"引线"被点燃时,产品的效果也会随之被引爆。

三、站在用户角度思考设计问题

设计者要随时都站在用户的角度来思考设计中遇到的问题,并且在设计的开始阶段就应当以用户的思维来进行设计,要时刻考虑用户会怎样想,用户想要什么样的效果,用户想要什么样的产品,用户看到产品后的反应是怎样的,用户为什么会选择自己设计的产品,所设计的作品可以为用户带来哪些影响等一系列问题。当设计者想清楚这些问题,并且知道了准确的答案后,也就清楚了可视化产品的设计思路、设计理念、设计目标等设计方面的问题。

设计者在设计之初,甚至在整个设计的环节中,要先把自己当作一个用

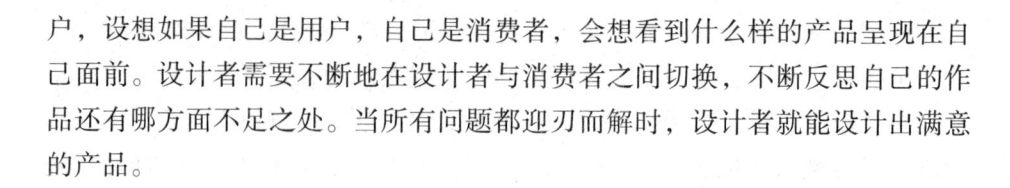

户，设想如果自己是用户，自己是消费者，会想看到什么样的产品呈现在自己面前。设计者需要不断地在设计者与消费者之间切换，不断反思自己的作品还有哪方面不足之处。当所有问题都迎刃而解时，设计者就能设计出满意的产品。

四、充分利用新媒体和新技术

当今社会，技术不断更新换代，网络技术越来越发达，信息传播的媒介也在不断推陈出新，如果不能顺应时代发展的步伐，池州方言可视化发展的道路也会越走越窄。如今短视频发展得如火如荼，微信已成为人们日常生活中的基本的沟通工具，如何利用好这些平台，更好地传承和发展池州方言，是一项任重而道远的工作。例如，可以利用方言表情包增加在微信或是网络上池州方言的可见度，利用表情包的趣味性与传播度，更大限度地宣传推广池州方言。

此外，在影视动画和游戏开发领域也可以运用池州方言元素，增加原有作品的趣味性与历史人文气息。这需要找到一个最佳的切入点，将池州方言自然地融入其中。了解年轻人的生活方式，打开年轻人的市场。

综上所述，在池州方言保护方面，对池州方言进行可视化设计，充分利用新媒体和新技术手段，可以让池州方言的保护与传承工作更加高效便捷地向前推进。

五、与时尚的融合

一说起中国传统文化，大多给人的感觉是没有新鲜的、吸引人的内容，都是一些死板的东西。实际上，传统文化是最具能量、最经久不衰的存在。与当下的时尚元素融合可以使传统文化、池州方言更具时代感。

可以在服饰、鞋子、摆件、车上饰品、时尚杂志、时尚公众号等地方进行独特的池州方言可视化设计。

六、充分融合池州本地地域特色

不管是池州地域文化、诗歌、饮食，还是池州的人文地理，都可以成为池州方言可视化的灵感来源，所有与池州相关的文化、历史等元素也都可以成为池州方言可视化的灵感来源。

七、万物有联系

万物都有联系，在各个领域或专业，池州方言可视化设计者都可以汲取灵感，为己所用。在互联互通的今天，各个行业，各种元素都在趋向融合。设计者可以进一步开阔视野，不断尝试和接纳新生事物，不断接收各方刺激，在各种新思想的碰撞中，找寻灵感的火花，找寻池州方言可视化设计的切入点，并由此进一步深挖，将整个可视化设计的元素与其他创新元素进行融合。

各种可以激发灵感的元素都可以有效地运用到池州方言可视化设计的过程中，目的是将相对陌生的池州方言以人们所熟悉的方式进行展示，吸引人们先产生对池州方言的兴趣，而后使可视化作品的受众在兴趣的驱动下自发地深入了解池州方言的相关知识和信息。

八、关注语言的语音与韵律

池州方言可视化作品包含的主要信息为方言，若所设计的词语或短语编排得朗朗上口，有一定的韵律，人们在看到作品，将其读出的时候，就会不由自主地想要再读两遍，这也就让人们对池州方言产生了深刻的印象，同时也更易于池州方言的推广。

通过朗朗上口的韵律，人们会体验到一种舒服惬意的感受。人们通常对让自己感到开心舒服的事物有着深刻的印象，并留下美好的回忆，这也是池州方言保护与传承所要达到的效果。

九、对接池州当地农产品推广

池州在长江流域内，农作物长势旺盛，农产品有着丰富的种类，同时具有独特的区位优势，若将池州方言元素应用于农产品或是特色产品的外包装设计之中，可能会让当地居民在推广和宣传农产品时，具有很强的文化认同感，会引起消费者的购买的兴趣，使人们自发地对其进行宣传。

对于外地人或游客来讲，农产品和方言是了解一个地区极佳的方式，两个各具特色的地方特色结合在一起，可以呈现更加独特的效果，文化与实物相结合的方式，可以让人在物质和精神上都得到不同寻常的体验。池州方言不应只是考虑自身的发展，应当更多地与人民的实际生活相联系，服务于人们的实际需求，如此才会有更加长远的发展。

参考文献

[1] 刘志基. 汉字形态论 [M]. 南宁：广西教育出版社，1999.

[2] 李从芹. 汉字与中国设计 [M]. 北京：荣宝斋出版社，2007.

[3] 杉浦康平. 造型的诞生 [M]. 北京：中国青年出版社，1999.

[4] 周海宏. 音乐与其表现的世界 [M]. 北京：中央音乐学院出版社，2004.

[5] 姚以让. 声与色的交响 [M]. 北京：中央音乐学院出版社，2006.

[6] 孟庆惠. 安徽省志·方言志 [M]. 北京：方志出版社，1997.

[7] 贵池县地方志编纂委员会. 贵池县志 [M]. 合肥：黄山书社，1998.

[8] 何家荣. 池州文丛 [M]. 成都：四川民族出版社，2020.

[9] 阮德胜. 文化池州 [M]. 北京：团结出版社，2019.

[10] 谈家胜，张邦启. 池州傩文化 [M]. 芜湖：安徽师范大学出版社，2021.

[11] 池州市地方志办公室. 池州概览 [M]. 合肥：黄山书社，2018.

[12] 池州市地方志编纂委员会. 池州年鉴 [M]. 合肥：黄山书社，2017.

[13] 詹春慧. 绿色池州 [M]. 合肥：黄山书社，2017.

[14] 《池州地名故事》编委会. 池州地名故事 [M]. 合肥：黄山书社，2019.

[15] 池州日报社. 见证：庆祝改革开放40周年暨池州复建30周年人物访谈录 [M]. 合肥：合肥工业大学出版社，2018.

[16] 池州市地方志办公室. 池州年鉴2002[M]. 合肥：黄山书社，2003.

[17] 马林诺夫斯基. 文化论 [M]. 费孝通，译. 北京：中国民间文艺出版社，1987.

[18] 樱田润. 信息图表设计入门 [M]. 上海：上海人民美术出版社，2015.

[19] KANDINSKY W.Point and line to plane[M].America：Dover Publications，1979.

[20] MARCHESE F T，BANISSI E. Knowledge visualization currents[M]. London：

Springer，2013：89.

[21] JENNY H. Cymatics：The structure and dynamics of waves and vibrations[M]. San Francisco：Macromedia，2007：63.

[22] FABIANI M，FRIBERG A，BRESIN R. Systems for interactive control of computer generated music performance[M]//KIRKE A，MIRANDA E R. Guide to Computing for Expressive Music Performance. London：Springer，2012：49-73.

[23] 李慧.基于池州方言研究的图形化设计探析[J].蚌埠学院学报，2022，11（1）：27-30.

[24] 易平.文化消费语境下的博物馆文创产品设计[J].包装工程，2018（8）：84-88.

[25] 廖若兰，秦洁.非遗视域下"巴蜀图语"图形探索与创新——以本土汽车文创品牌"漫语"为例[J].设计，2018（1）：98-99.

[26] 孙敏，王慧敏.江苏地方博物馆文化创意产品开发设计研究——以南京博物院为例[J].设计，2018（13）：21-23.

[27] 康兵.创意折叠拼图设计研究[J].装饰，2017（11）：144-145.

[28] 赵昱敦.攀枝花地域文化特色的纪念品设计研究[J].吉首大学学报（社会科学版），2017（S2）：127-128.

[29] 蒋海霞，陈振益.五邑侨乡地域文化符号在设计中的转换与呈现[J].包装工程，2016（6）：41-44.

[30] 磨炼.基于旅游纪念品及相关文创产品的设计策略[J].包装工程，2016（16）：18-21.

[31] 胡振涛，项喜章，吴素春.武当道茶区域品牌忠诚影响因素的结构模型分析——基于消费者感知视角[J].中国农业资源与区划，2015（1）：40-45.

[32] 王巍，李昱娇.基于土家织锦符号化图形的文创产品设计方法研究[J].文艺评论，2015（9）：138-141.

[33] 马彧，刘英婕.具有地方特色的武当山旅游纪念品包装设计[J].包装工程，2008（5）：88-91.

[34] 陈春雷.池州方言词汇特点初探[J].池州师专学报，2006（1）：60-63.

[35] 郑张尚芳.皖南方言的分区[J].方言，1986（1）：8-18.

[36] 赵海燕.文字图形化研究[J].包装世界，2010（6）：64-65.

[37] 张歆. 地域文化视角下的文创产品创新设计策略[J]. 设计, 2018（19）: 54-56.

[38] 况新华, 曾剑平. 语言与文化的关系述要[J]. 南昌航空工业学院学报（哲学社会科学版）, 1999（1）: 65-68, 34.

[39] 孙倩. 浅谈信息可视化在国内外数字图书馆资源揭示中的应用进展[J]. 图书馆界, 2017（2）: 53-57.

[40] 耿凌艳. 音乐视觉化设计中的映射探究——以 Thayer 情绪模式与伊顿色彩理论的对应关系为例[J]. 装饰, 2017（7）: 103-105.

[41] 孔娟. 基于多音频特征提取的音乐可视化方法研究[J]. 黄河之声, 2016（16）: 92.

[42] 余陈美, 李雨薇, 杨震, 等. 基于弱听障用户的声音可视化互动研究与设计——See Your Voice[J]. 工业设计研究, 2018（1）: 221-226.

[43] 刘丰, 赵琉涛, 廖晨宇, 等. 基于 t-SNE 声音情报识别的可视化系统在 E-learning 平台应用——以鸟类音频情报识别为例[J]. 企业技术开发, 2017, 36（4）: 9-12.

[44] 黄莺, 杨健. 看得见的好声音——计算机可视化辅助声乐教学之案例分析[J]. 南京艺术学院学报（音乐与表演版）, 2012（4）: 129-134, 162.

[45] 苏勋, 李志光, 罗彬. 声音与图像的交互设计——声音涂鸦[J]. 大众文艺, 2014（18）: 92.

[46] TOPPER. Newton and the number of colors in the spectrum[J]. Stud Hist Philos Sci, 1999, 21: 269-279.

[47] STOCKHAUSEN K, CONEN H, HENNLICH J. Before and after samstagauslicht[J]. Contemporary Music Review, 1989, 5（1）: 121.

[48] TAYLOR R, BOULANGER P, TORRES D. Visualizing emotion in musical performance using a virtual character[C]// 5th Internat ional Symposium on Smart Graphics. Berlin: Springer, 2005: 13-24.

[49] LI T, OGIHARA M. Detecting emotion in music[C]//Proceedings of the international symposium on music information retrieval. Washington D.C., USA, 2003: 239-240.

[50] WALKER R. The effects of culture, environment, age, and musical training on choices of visual metaphors for sound[J]. Perception & Psychophysics, 1987, 42

（5）：491-502.

[51] GIANNAKIS K, SMITH M. Imaging soundscapes: Identifying cognitive associations between audatory andvVisual dimensions[J]. Musical Imagery, 2001：161-179.

[52] GRIERSON M S. Making music with images: Interactive audiovisual performance systems for the deaf[J]. International Journal on Disability & Human Development, 2011, 10（1）：37-41.

[53] MAAS A L, QI P, XIE Z, et al. Building DNN acoustic models for large vocabulary speech recognition[J].Computer Speech & Language, 2017, 41：195-213.

[54] 蔡信弘. 信息可视化在方言文字设计中的探究[D]. 厦门：厦门大学, 2018.

[55] 林梦旖. 海南话的信息可视化设计研究[D]. 海口：海南大学, 2021.

[56] 张孝笑. 中国台湾特有词语知识可视化交互墙设计研究[D]. 上海：上海工程技术大学, 2020.

[57] 陆尚谦. 粤方言视觉化设计与应用研究[D]. 广州：广东工业大学, 2021.

[58] 周怡帆. 全媒体视域下方言传播研究[D]. 太原：山西大学, 2020.

[59] 王曼璐. 烟台方言在城市文化中的视觉设计应用研究[D]. 青岛：青岛大学, 2020.

[60] 张莹. 杭州方言视听设计表现研究[D]. 杭州：浙江理工大学, 2020.

[61] 马冲. 安徽方志方言词研究[D]. 成都：西南交通大学, 2020.

[62] 程银银. 安徽贵池方言语音研究[D]. 天津：天津师范大学, 2012.

[63] 胡天璇. 传统汉字图形研究[D]. 无锡：江南大学, 2001：4.

[64] 蔡明琬. 增强认知效率的音乐情感缩略图研究[D]. 杭州：浙江大学, 2013.

[65] 屈天喜. 基于情感识别的实时交互式音乐可视化研究[D]. 长沙：中南大学, 2008.

[66] 鲁瑞红. 解读谭盾音乐作品的文化内涵[D]. 新乡：河南师范大学, 2011.

[67] 赵沁旸. 交互式电子音乐《無·筝》作品设计与创作解析[D]. 上海：上海师范大学, 2017.

[68] 甄晓通. 中国传统音乐的动态视觉化表达研究[D]. 北京：中央美术学院, 2016.

[69] 杨伟. 支持语音识别功能的Andriod记事本软件设计与实现[D]. 长春：吉林

大学，2016.

[70] HAMASAKI M，GOTO M，NAKANO T. Songrium：A music browsing assistance service with interactive visualization and exploration of protect a web of music[C]// International Conference on World Wide Web. New York：ACM，2014：103.

[71] LIPSCOMB S D. Perceived match between visual parameters and auditory correlations：an experimental multimedia investigation[C]//International conference on music perception & cognition. Seattle，United States: Frontiers Events，2004.

[72] RODRIGUES A，MACHADO P，MARTINS P，et al. Sound Visualization Through a Swarm of Fireflies[C]// Portuguese Conference on Artificial Intelligence，EPIA 2015：Progress in Artificial Intelligence.Berlin：Springer International Publishing，2015：664-670.

[73] HAYASHI A，ITOH T，MATSUBARA M. Colorscore——Visualization and condensation of structure of classical music[M]// Marchese F T，Banissi E. Knowledge visualization currents. London：Springer，2013：113-128.

[74] SORIANO A S，PAULOVICH F，NONATO L G，et al. Visualization of music collections based on structural content similarity[J]. IEEE，2014：25-32.